松山大学研究叢書第４７巻

佐伯 守 著

ケルゼン法学とポスト・モダン

法と人間存在

萌書房

目次

法と人間存在

——ケルゼン法学とポスト・モダン——

序　法をめぐる知

「法の本質についてのすべての考察は、法の存在が少なくとも一定の行為を義務的なものにするという想定から始まる」と、H・L・A・ハートはいう（矢崎光圀監訳『法の概念』みすず書房、第一〇章）。この短い文章は、実は法哲学上の重要問題を含んでいる。周知のように〈法の存在〉は、何が法であるべきかという〈法の本質〉への問いに常につきまとわれている。いな、法の〈存在〉自体からして、法があると法であるとの、二面的な意味性のズレをそのうちにかかえている。法の存在事実と存在妥当との差異性は決して小さいものではない。またさらに、無視しえないのは、法の存在と義務発生との関係である。法の存在が人間に義務を発生させるということは、自明の理でも必然の理でもない。法と義務との関係問題は、究極的には、法はいかなる人間理解を志向しているのか、という問題に帰着する。

以上の問題点はそれぞれ、さらに問われるべき論点を含んでいる。例えば、法は制裁や強制・拘束の力をもたずしては法ではないとみるか、それとも法があるということは必ずしもそれらをもたずともよいとみるか、といった議論がそれである。法の世界では〈存在〉の自明性は必ずしも〈妥当〉の必然性を伴っているわけではない。また、妥当の必然性が存在の自明性を保証しているわけでもない。法の存在論がいまもって未完状態にあるゆえんである。

さて、ここで問題にしたいのは、法の存在論と人間のそれとの確たる境界線は存在しないという点である。あのケルゼンの〈純粋法学〉でさえ、純粋な法があるとは考えていない。ただ、法の純粋な理論をめざしていたにすぎない。法理論の純粋性とは、国家、政治、道徳（あるいは自然法）から距離を置いた場に法体系を形成することを意味する。だが、法が〈人間の作品〉（ケルゼン）である以上、それはまさに人間が人間であることを色濃く反映せざるをえない。いかなる理論（作品）も人間的文脈を離れては存在しえないからである。〈理念の素材被規定性〉（Stoffbestimmtheit der Idee）という事態（ラートブルフ「法理念と法素材」『法における人間』東京大学出版会、所収、参照）は、純粋法学といえども避けがたいであろう。なぜなら、法体系の〈素材〉は、天使でも悪魔でもない人間の、まさに〈人間性〉であるからだ。

そのことをすでにヘーゲルの『法の哲学』がよく示している。ヘーゲルの捉えた〈市民社会〉は欲求の体系であり、そこでは人々は互いに〈欲求のかたまり〉として関係しあう。人々は欲求とそれを満足させる手段とを多様化させることを通じて、具体的欲求を分割・区別する方向に進むだけでなく、さらに分割化・特殊化された（つまり抽象化された）欲求を軸に社会関係を生きることになる。ヘーゲルにおいては、欲求・手段の細分化（抽象化）は、物に対する人間の関わり方の抽象化・労働の分業化を意味するだけでなく、その抽象化を介して相互に関わりあう人々の〈関係〉をも抽象化するものであった。そして〈法〉は、そうした欲求・手段の抽象化、物と人間との関係の抽象化、人間関係の社会的抽象化を基盤として存立することになる。ヘーゲルは次のように書いている。

「欲求と手段とは、実在的現存在としては他人に対する存在となる。欲求と手段の充足は他人の欲求と労働によって制約されており、この制約は自他において相互的であるからである。欲求および手段の一性質となるところの抽象化はまた、諸個人の間の相互的関係の一規定にもなる。承認されているという意味でのこの普遍性が、個別化され抽象化された欲求と手段と満足の方法を、社会的なという意味で具体的な欲求と手段と満足の方法にするところの契機なのである。」（藤野・赤澤訳『法の哲学』中央公論社、一九二節）。

〈欲求の体系〉の中で、法の理論の形成に関わるのは、まさに〈欲求のかたまり〉としての人間の〈素材性〉にほかならない。この素材性をゼロにして人間の天使化を図る試みも、また絶対の善・絶対の正義を法体系の中心に据える試みもともに不可能というほかはない。法はまさに〈素材被規定性〉の産物である。

ついでにいえば、承認への欲望というものも存在する。アレクサンドル・コジェーヴのいう「人間発生的欲望」、つまり欲望の欲望がそれである。

「他者は、私を欲することで、およそ私が欲するものなら何でも欲する。彼は自分を私と一体化させ、自分自身であり続けながら私になる。（中略）欲望を欲望するとは、『承認され』たいと思うことだと言おう。欲望の欲望、つまり人間発生的欲望とは、『承認』（Anerkennen）への欲望である。したがって、人間とは、その欲望の欲望を満足させるための顕在的行為であるとすると、人間は、承認される限りでのみ人間存在として現実存在する。ある人間の、他者による承認は、その人間の存在そのものである。（ヘーゲルが言うように、『人間とは承認である』（Der Mensch ist Anerkennen.）。）」（今村仁司・堅田研一訳『法の現象学』法政大学出版局、第三五節）

ところで、あの〈理念の素材被規定性〉という観点は、両者の関係を逆にした〈素材の理念被規定性〉という観点を可能にする。〈存在と当為〉の関係を絶対の断絶とみたケルゼンが無視したのはその点であった。周知のようにハートがその『法の概念』の中で〈自然法の最小限の内容〉として第一にかかげたのは〈人間の傷つきやすさ〉であった。法は一般に道徳的要求を充足させねばならぬという〈必然性〉はもたないとする法実証主義の立場は、むろん法は一般に道徳的要求を充足させてはならぬという〈必然性〉をもたぬ、とするその逆の立場に相対的である。人間の身体・生命的もろさという素材性は、たしかにそれ自体から〈必然的〉に〈なんじ殺すなかれ〉も、また〈なんじ殺すべし〉も導出しうるものではない。だが、必然性だけが論理の王道ではない。必然性という論理性もまた、承認されて存在を得ている。〈なんじ殺すなかれ〉は自明の理でも必然の理でもない。〈なんじ殺すべし〉も同様である。だが、あえていえば〈承認の理〉ともいうべき論理様式がある。〈承認〉は〈存在承認〉にも〈妥当承認〉にも関わる面をもつ。

自然法は絶対の善とは何かをさぐる方向にのみ存在するのではない。人間の素材性・存在性の端的な承認という事態にも成立しうる。あるいは、法の存在、法の妥当性を承認すること自体、一種の自然法にもとづけられているといってよい。

ハートの法理論の核をなすものも〈承認〉である。ハートは〈責務の第一次的ルール〉の存在を〈原初的社会〉(あるいは〈法以前の世界〉)の中にみ、そのルールの欠陥を補うものとして〈承認・変更・裁判〉の三つのルール(第二次的ルール)を、第一次的ルールに結合させる。そして、この結合によって〈法的世界〉が初めて存立するとみる。このハートの〈ルール説〉は有名である。だが、それだけにかえってルール説の〈根〉が無視されたまま、その大まかな構造だけが流布されているきらいがある。そこで次の諸点に注目しておこう。

(1) 責務の第一次的ルール(primary rules of obligation)は、単に原初的世界にのみ存在したのではなく、この現代の法体系の根底に、まさに第一次的に存在するということ。第一次的ルールはいわば〈人間の傷つきやすさ〉に由来する自然法的ルールであること。

(2) 第二次的ルールは、あくまでも第一次的ルールの〈存在〉を前提とし、それに関するルールであること。この〈関する〉という表現こそ、承認・変更・裁判の三ルールを第二次的(secondary)とよばしめるものであること。

(3) 第一次と第二次のルールの〈結合〉もまた、水平的なそれではなく階層論的な垂直の結合であるということ。要するに、ハートの法理論(法的世界の構成)の根底には、人間の身体・生命的もろさという、まさに法以前的(自然法則)に相互承認すべき基本事態があるということ。

なお、ハートが強調する〈内的〉と〈外的〉の区別も、実は上述の人間の〈身体性〉への着目に由来するといってよい。社会的ルール(法的ルール)の内的(internal)側面とは、まさに身をもってそ当のルールを守る人々の側からみられたもの、逆にいえば、当のルールがいかに必要であるかを身をもって知ることなき第三者的な観察者が

〈外的〉に捉えるのとは異なった面のことである。極言すれば、第三者的観察者の外的（external）視点や外的陳述に欠落するのは、当の法的ルールを守る人々の行動が互いに暗黙的に承認しあっている事柄（つまり自然法的な最小限の内容）である。この暗黙知的な〈存在認識〉をあらためて承認し直すことから初めて〈当為承認〉の世界たる法的世界が〈内〉をもつ、といってよい。

ところで、ハートのいう〈自然法の最小限の内容〉とは、要するに端的に〈生きること〉の相互承認に関するものとして、すでに倫理性に属する。それはむろん〈絶対の善〉とは逆方向から人間を捉えようとするものである。ケルゼンが自然法を拒否するのは、それが法体系の〈聖化〉（Verklärung）をめざすと思念されたからであった。聖化からの純化、そこに純粋法学の意図の基本があった。だが、もう一つの純化も存在した。それは人間を〈人格〉へと論理的に純化することであった。存在と当為との間の距離は、そのまま人間と人格とのそれに匹敵する。

人格は、神の側にある自然法からも人間の側にある自然法からも距離を置いたその〈中間〉にある存在として〈純粋性〉をおびている。純粋法学はこの〈純粋性〉を地盤とする故に、理論の純粋化をめざしえたといってよい。ケルゼンの企図は、法的論理の脱倫理化であった。その逆は倫理の法的論理化である。その中間にあるのがL・L・フラーのいう〈法の道徳化〉である。これは、法の道徳への〈解消〉を意味しない。また単なる中間態でもない。

さて、法体系は当為・規範の体系ではあるが、それは基本的には人間の相互承認の体系である。義務や権利、禁止や制裁の概念はこの〈承認〉の派生態にすぎない。それらの概念から〈承認〉という基本事態を構成しようとするのは不遜な法学主義である。法哲学は、法学主義のもとに捉えられた〈人間〉を、そこから解放する視点を常にもっていなければならない。あのヘーゲルの『法の哲学』がいまも刺激的なのは、それが〈自由論〉を軸としているからである。必要なことは、人間の存在論から法の存在論へと向かう途を歩みつづけることである。それが法哲学の選択すべき道であろう。

第1章　H・ケルゼンの法思想

1　権利と義務の構成

法の存在性格と人間の存在性格とは一定の対応関係を示している。これは、法の存在が〈意味〉をもつためには、それは人間のいかなる存在構造に依拠しているか、という問題をそれ自身のうちに含んでいる。以下で試みようとするのは、この点の究明の第一歩である。

ところで、〈法の世界〉に入るためには、ひとまず日常的な自然的意識、とりわけ〈実体化〉の傾向から自由にならなければならない。例えば、日常的には〈実体性〉をもつと思念されている〈権利や義務〉の存在性格に一瞥を投じてみよう。「私は権利をもつ」という事態は、複雑な社会的構造性の上に成り立っている。この点を、H・L・A・ハートは次のように表現している。

「(一)『Xは権利を持つ』という言明は、以下の諸条件が充たされるばあいに真実である。(a)法的体系が存在しているということ。(b)法的体系の一つまたは複数のルールのもとで、他の人Yが、発生した事件について、何らかの行動をとるか、あるいは差控える義務があるということ。(c)この義務は、法によって、Xまたは彼の代理人として行動する資格のある他の人の選択に、従属せしめられているから、もしX（または代理人）が義務付けることを選んだ場合にのみ、あるいは、X（または代理人）が他のことを選択するまで、Yには、作為、不作為の義務があるということ。

(二)『Xは権利を持つ』という形式の言明は、このようなルールの対象となる特殊な事例にかんして法的結論を導くために用いられる。[1]」

ハートの法理論については後に言及することとして、ここでは、「私は権利をもつ」という言明は「単純な法的計算の末端」（ハート）という意味づけをもつ、という点に注目しておこう。日常的意識は、この〈法的計算〉のプロセスを括弧に入れ、それに留意しない意識であるが故に、当の〈権利〉や〈義務〉が実体性をもって、それ自体において即自的に存在するかのように思念する。権利や義務は一定の〈法的体系〉を背景・基盤として成立する〈関係的〉事態であって、それらは実体性をもってはいない。それらはまた、法的世界における〈人間〉（Mensch）と〈人格〉（Person）との方法論的二分化にも依拠している。法的世界においては、なぜ人間と人格との方法論的分割化が必要なのかという問題、これは、法の存在論的構造性ひいては、法と人間との基本的関係性をあらためて問うことの必然性をそのうちに含んでいる。

むろん、人間と人格との乖離は実体的なものではなく、法的世界が個人に対し、論理的に要請する事柄である。人間と人格との乖離は、H・ケルゼンのいう〈存在〉（Sein）と〈当為〉（Sollen）とのそれに対応関係をもっている。〈存在〉と〈当為〉の関係もまた実体的なものではない。それはあくまでも論理的な関係である。それ故に、それらの乖離性には、実体的な架橋化の可能性は含まれていない。しかし、なぜ〈法の世界〉には、架橋不可能な〈存在〉と、〈当為〉との乖離が必要かつ必然となるのか。この論点こそ、法の存在性格をみる上で最も重要な視点をなす、といってよい。以下、しばらくの間、ケルゼンの〈法の世界〉にとどまる必要があるのは、その問題性故にである。

ここであらかじめ、次の点を示しておこう。「法的義務」についてケルゼンは次のようにいう。「法的義務の概念もまた『当為』を含むのであって、ある一定の行為をなすべく、法的に義務づけられているとは、不法行為がなされた場合、機関が制裁を適用す『べき』であるということを意味する。然し、法的義務の概念は道徳的義務の概念とは次の点で異なっている。即ち法的義務は、規範が『要求』する行為でもなければ、遵守されるべき行為でもない。そうではなくて、法的義務は、義務を遵守することによって、不法行為が避けられるような行為である。即ちその行為の反対が、制裁の条件を形成するのであって、制裁だけが執行される『べき』ものとされる。」（p. 60. 伊地知大介訳『法と国家の一般理論・第一部法学』学而堂、一〇五頁）「法規範が一定の行為に、一定の制裁を附加するから、その反対の行為が法的義務になる。そうであるのに、オースチンは、彼が命令と呼ぶところの法規範が、法的義務を形成する行為を命じているかの如く表現している。」（p. 62. 同、一〇九頁）

制裁の附加という作用の反作用として法的義務が生じるのであって、初めに義務が物自体的・自存的にあるのではない。義務の発生もまた内発的ではなく外発的であるが、これはまた、義務自体の存在根拠の不在を意味する。ケルゼンがまず〈義務〉概念から道徳性を払拭したことは特徴的なことであった。周知のこととはいえ留意しておきたい。「法規範において、一定の行動の反対のことが強制行為（不法効果と名づけられるところの）を科するについての要件とされている限りにおいて、人は法律上で右の行動に義務づけられている」（横田喜三郎訳『純粋法学』（*Reine Rechtslehre*）勁草書房、二四節）のであり、他方、「権利が存在するのは、不法効果の要件のうちに、不法行為構成事実によってその利益を侵害された人の意志表示——訴訟又は請願の形式で右の不法効果を求めるところの——が採用されている場合である。右の者に対する関係においてのみ、法規範は個別化されて権利となる。」（同上）

2　人格と帰報

さて、H・ケルゼンは、その『純粋法学』の中で、法の世界は〈意味の世界〉であると述べている（五〇節）。むろん、ここでいう〈意味〉とは、法認識論上のそれであって、言語論的あるいは論理学的な〈意味〉のことではない。〈意味〉の世界とは、新カント派のH・リッカートにならっていえば、〈現実〉の世界でも〈価値〉のそれでもなく、まさに第三の領域（つまり〈意味の領域〉das Reich des Sinnes）に匹敵する。〈意味〉の、現実や価値からの乖離性を要請すること、そこにケルゼンの求める〈純粋性〉が成立する。〈法の世界〉における意味性は、むろん現実的（存在的）必然性や価値妥当的（gültig）必然性、あるいは論理学的必然性に支えられてはいない。その意味性からは、決して〈恣意性〉を払拭することはできない。ケルゼンのいう〈純粋性〉は〈恣意性〉に依拠したそれである。〈法の世界〉は妥当性（Geltung）の概念なくしては構成することができない。にもかかわらず、その妥当性は論理必然的なそれではない。その妥当性が人間の恣意によって〈構成〉された妥当性であるという点こそ、やがてみるように〈法の世界〉を支える基盤であるとともに、ケルゼンのいう〈純粋性〉の支えでもあることを、ひとまずここで指摘しておこう。

ところで、ケルゼンの『純粋法学』の成立の背景には、法的認識様式を確立せんがための科学方法論への模索があることは周知の通りである。その成果のうち最も重要なものは、自然科学の〈因果〉連関性に対置されるところの〈帰報・帰属〉（Zurechnung）の連関性という概念である。前者が〈存在〉の領域に妥当するのに対し、後者は〈当為〉の領域に妥当する。さらにいえば、法的認識の中核をなすこの〈帰報〉の連関性は、いわゆる〈仮言判断〉に属する。「AならばBであらねばならない」という自然法則的必然性に対して、「AならばBであるべきである」

というのが、その判断形式である。〈制約的構成事実〉と〈被制約的効果〉との結合、つまり法律要件と法律効果との結合は、因果関係を形成しない。例えば、殺人と処罰との結合関係は、因果的必然の連鎖を形成しておらず、殺人の〈故に〉処罰されるという帰報関係を意味するにすぎない。その前提にあるのは「反対の行動のなされたことを要件として強制行為が効果として加えられるべきである」（同、一四節）という法規の〈存在〉である。もし〈当為〉に存在理由を認めることがなければ、法規範は一般にその根底から否定されることになる。〈帰報〉は、当為の観念なくしては成立しない。純粋法学の純粋性は、この〈当為〉の成立根拠や存在理由を〈不問〉に付すことによって方法論的に獲得されるものである。例えば、ケルゼンは次のようにいう。

(1)「実定法の当為からその形而上学的・絶対的価値の性質を除き去り、これを単に法規における要件と効果の結合をあらわす言葉にすぎないとすることによって、法のイデオロギー的性格を洞観し得べき立場への道を純粋法学はみずから開拓したのである。」（同、一六節）

(2)「実定法の上に立つ秩序の妥当性が可能であるか否かは純粋法学にとって問題にならない。純粋法学は実定法のみに限局する。」（同、一七節）

以上の姿勢は、〈当為〉の自然法的根拠を問題としないことの立場表明と受けとってよい。当為の観念にもとづく帰報関係は、人間の〈作品〉としてイデオロギー性をもつ。〈存在〉の世界が〈実在態〉（Realität）を意味し、それがまた説明的存在考察を軸とした因果科学に属するとすれば、〈当為〉の世界は〈観念態〉（Idealität）であり、またそれが属するのは規範的当為考察を軸とした規範科学である。〈当為・規範〉のイデオロギー性とは、さしあたり、それが〈存在〉に根拠をもたない、という点を意味しているにすぎない。ケルゼン流の〈イデオロギー批判〉は、ある事態の〈実体化〉への批判をその眼目としているが、これについては後でふれることにする。

ところで、〈AはBたるべし〉の規範命題については、いかなることがいえるだろうか。現象学のE・フッサールはいう。

「各規範的命題は規範と規範化されるものとの間の測定関係の思想を表現しているのであるが、しかしこの関係それ自身は――価値評価の関心を度外視すれば――客観的には条件と条件づけられるものとの間の関係として、すなわち問題の規範的命題のうちに存立する、または存立しないと主張される関係として、性格づけられるのである。こうしてたとえば『ＡはＢであるべし』という形式の各規範的命題は『ＢであるＡのみがＣという諸性質を有する』という理論的命題を包含しているのである。なおこの場合われわれはＣによって《善い》という基準的述語の構成内容（たとえば快楽、認識など、与えられた領域における根本的価値評定によってまさに善しとして賞揚されるもの）を暗示しているのである。〔後者の〕新しい命題は純粋に理論的な命題であり、それはもはや規範化の思想を少しも含んではいない。ところが逆にこの後者のような形式のなんらかの命題が妥当であるとし、そして更に新たに〈その命題に対する規範化の関係を希求させるような、Ｃそのものの価値評価〉が生ずるとすれば、『ＢであるＡのみが善い』とは『ＡはＢであるべし』の謂であるというように、理論的命題が規範的形式を取るのである。それゆえ理論的な思想関連のうちにさえも規範的命題が現われうるのであり、理論的関心はこのような関連の中でＭという種類の事態の存立を（たとえば規定されるべき三角形の等辺性の存立を）重視し、そしてそれに拠って他の諸事態を判定するのである（たとえば等角性を、三角形が等辺であらねばならぬとすれば、それは等角でなければならない、というように）。」（立松弘孝訳『論理学研究（Ⅰ）』六七頁、みすず書房）

自然科学的な因果連関性とは異なり、規範命題の帰属＝帰報（Zurechnung）の連関性においては、「Ａであるが故にＢであるべきなり」の形式をとる。必然性を意味するNotwendigkeitが不可欠性や必要性の意味をもつことは周知の通りである。

他方、理論命題も他の多くの命題形式のうちの一つにすぎず、決して特権的中心をなすものではない。また論理性における〈真・偽〉も規範性における〈善・悪〉に比して特権的な地位をもつものではない。この点は、法秩序に関しても、また〈法実現過程〉における確定推論の合理性についても同様である。(2)

ところで、〈帰報〉という観点は、法の世界において〈人間〉をいかに把握するか、という問題に目を向けてみよう。

「事態」(つまり規範客体＝当為客体＝すべき事)と「人格」(つまり規範主体＝当為主体＝すべき者)とを結びつけるのが〈帰報〉の機能であった。それは因果的あるいは目的論的性格をもたない。〈帰報〉の機能はあくまでも規範的結合である。その特色は〈恣意性〉にある。ケルゼンはいう。

「規範は人間によって創られるのであるから、規範主体と規範客体との結合は完全に恣意的なものである。」(森田寛二訳「法学的方法と社会学的方法の差異について」〈ケルゼン選集〉5『法学論』木鐸社、所収)「法的帰報即ち法規範に基づいてなされる帰報を考察すれば、規範客体と規範主体との間には極めて大きな隔たりがあること、そこには因果的連関や目的論的連関を認めえず、およそ説明的考察によっては連関を認めえないことは明らかである。」(同上)「帰報は、たとえそれが因果系列に相応していようとも、人格・意思の下で停止する。これに対して、因果系列は無限に進む。禁止された結果には規範違反の人間行動という原因があり、この人間行動には更に原因があるというふうに、因果系は無限に進む。原因と結果の無数の連鎖の中からその人間が人格として取り出され、その『意思』が帰報の出発点・終点となされたのである。」(同上)

〈人格〉とは、一定の〈義務〉と〈権利〉との統一を〈擬人化〉(Personifikation)したものである。それは、法的認識によって構成された補助的表象である。諸規範の統一を擬人化したものとしての〈人格〉(あるいは権利主体＝Rechtssubjekt)は、人間の中に構成されたところの〈権利・義務〉の担い手(Träger)である。それは、生物学的統一体としての人間のごとき自然的実在性をもたない。その〈意思〉も同様である。人格はあくまでも〈帰報〉の主体である。そして、人格＝帰報主体となりうる能力（帰報能力）が〈意思〉能力である。〈意思〉もまた、人間の内面性の中に構成された観念態である。ケルゼンはいう。「心理学にいう意思は、存在の観察によって経験的に確定される事実であって、存在の世界に属する。これに対し、倫理学や法学にいう意思は、規範・当為の視点の下で行なわれる構成である。人間の実在の心の中には、それに相応する具体的な事象は存在しない」（同上）と。

法的〈人格〉となりうる能力としての〈意思〉は、あくまでも帰報主体におけるその帰報の出発点・終点にすぎず、その意思の〈自由〉も法的認識によって構成された観念にすぎない。〈人間〉であることと〈人格〉であることとの相違は、後者がすでに或る種の法的秩序態であるという点である。〈人格〉は、ある意味では〈仮面〉（persona）である。その仮面を取り去ってしまえば（ケルゼンのいう〈仮面剝奪〉＝Von-den-Masken-Absehen）、後に残るのは〈人間〉である。いうまでもなく、義務と権利の〈内容〉を形成するのは、人間としての私の〈行動〉であり、また義務を課せられ、権利を付与されるのも人間としての私である。だが、それらが私において可能なのは、私が〈人格〉という仮面を同時に身につけている限りにおいてである。〈人間〉と〈人格〉とが、相互に異なった権利・義務をもつという点は重要である。ケルゼンの記述に注目しておこう。

「自然人格であれ法人格であれ、『人格』というものは人間の行動を規定する一群の規範を人格化したもので、自然人とは特定の一人の人間を拘束する法規範を人格化したものに他ならない。それ故人間が権利や義務を『有する』ということと、人格がそれを『有する』ということは全く別の意味である。人間が法義務を有することは、その者の行動が特別な仕方で法規範の内容になっていることを意味するのに対し、人格が義務を有するとは、法義務として定められたある人間の行為が規範体系の統一体に関係づけられていること、人間の行動を規律している他の諸々の法規とともに一つの体系のうちにあることを意味する。従って本来的な意味では法秩序が人格を拘束することはありえない。何故なら人格は部分法秩序であって、その法秩序全体との関係は上位下位の関係ではなく、全体

と部分の関係だからである。」（長尾龍一訳『国法学の主要問題』〔初版一九一一年〕序文、前掲〈ケルゼン選集〉5、所収）

生物学的・心理学的存在としての〈人間〉は、法的存在としての〈自然人〉（physische Person）ではない。この両者の対立関係は、基本的には〈存在〉と〈当為〉とのそれに、還元しうる。〈存在〉に起因する〈内容〉が、〈当為〉に起因する〈形式〉によって把握され、そしてその故に、当の〈内容〉が法的帰報の内実に変容する、という図式が、人間と自然人との関係を貫いている。〈存在〉の内容を〈法〉の次元に移行させるのは、〈当為〉である。まさに〈存在〉から〈当為〉への道は断絶している。

3　国家の法学的形態

ケルゼンの立場は〈法実証主義〉である。それは、抽象的にいえば〈存在〉の世界と〈当為〉の世界との架橋不可能性に依拠している。

法実証主義の立場は、法の〈実定性〉に依拠している。〈実定性〉とは、人為的に〈定立〉（setzen）されているという事態を指す。ここで、ケルゼンの基本姿勢を、ケルゼン自身の記述に即してみておきたい。

(1)「それ〔法の規範〕は、その内容に基いて妥当するのではない。いかなる任意の内容でも法であり得る。いかなる人の行動であっても、それ自身として、その内容のために、法規範の内容となり得ないものはない。その内容が何かの前提された実質的価値に、例えば、道徳に適合しないということのために、その妥当性が疑問に付されるということはあり得ない。ある規範が法規範として妥当するのは、常に、ひとり、それが特に一定した方法で成立し、特に一定した規則に従って設定され、特殊の方法に従って定立されたことに基く。法は単に実定法としてのみ、即ち、定立された法としてのみ妥当する。かように必ず定立されたこと、まさにそのことのうちに存するところの、法の妥当性が道徳やこれに類似した規範体系から独立していること、そこに法の実定性（Positivität）がある。そこに、実定法といわゆる自然法の本質的な差異がある。」（前掲『純粋法学』二八節）

ここに法の〈妥当性〉の特殊性が示されている。しかし、定立された法の妥当性は絶対的に道徳・倫理や自然法と〈関係〉をもたないのか、という疑問は残る。「なんじ殺すなかれ」の道徳的規範なくして、そもそも刑法は成立しうるのか。法規範と道徳との関連性については、ケルゼンの思想を離れて、あらためて論じなければならない。いまは、法規範の妥当性が〈構成〉されたそれであることを示しておけば十分である。

(2)「法学は特定の事態の法的『意義』とかかわりあっているとの主張は、法学は、特定の事態を法規範の命じ禁止する内容として認識することによって、その事態に賦与した法的意義を問題としているという意味である。これこれの事象の『法的意義』は窃盗であるということは、その事象は窃盗の名のもとに法規範によって禁止されるということと同じである。より一般的に表現すれば、私がここに具体的に観念態の内容として確定した事象を、私は一般的にもとにかく法規範の内容として認識するということである。この意味において法適用は特定の事態の法的意義を探究しなければならない。法科学は規範とかかわりあっているのであるが、この規範はそれ自身では何の『意義』をももたず、規範は規範が内に蔵している事態に意義を賦与するものである。この『意義』は当為と特色づけられること、即ちそれはいかなる存在・現実からも遊離していることは、現実のいかに入念な経験的考察もそのなかに法的意義を認識することなどできないということからはっきりとわかる。なぜなら、現実には因果的連関以外には何もないからである。法的当為・法的価値を前提とし、そして事態をこの当為に関係させる考察のみが、法的意義あるいは法的価値を認識できる。〔中略〕経験的現実の考察はもともと法を『規範』として捉えることはできないこと、何らかの実在の内容を体系的に関連づけることからは決して妥当するものとしての法的義務は導き出せえないこと、を注意しておきたい。」（森田寛二訳「法科学は規範科学か文化科学か」前掲〈ケルゼン選集〉5、所収）

いっさいの社会的・心理的〈事実〉から、法的規範・当為は〈遊離〉していること、またそれらの〈事実〉から〈当為〉を構成することはできないこと、を指摘しておこう。ケルゼンの立場は「はじめに規範ありき」である。これにもとづいて初めて、義務や責任、また権利も発生する。ケルゼンにとっては、法的体系は〈権利〉の体系であるよりは、〈義務〉の体系である。「法的義務が法の唯一の本質的な機能である。」（前掲『純粋法学』二四節）このことは「法的規律は法そのものから生じるのであって、その下に立つ権利主体（Rechtssubjekt）から生じるのではない」（同、二二節）とか「ある人の権利は他の人の義務を前提としてのみ存在する」（同上）といった表現の中に示されている。

〈強制秩序〉としての法秩序は、それに服する個人を〈規範的に拘束する〉ことのうちに、その本質的な機能を有している。その前提をなすのは、法的規範が定立されてあることと、規範集合体の統一としての〈人格〉の存在である。私が或る人を故意をもって殺害したが故に、私はその人の殺害に〈責任〉を負うのではなく、故意をもってその人を死に到らしめることが〈規範違反〉である故に、その責任を負うということ、しかもその際、その殺害の事実と私とは一定の法的規範体系内での〈規範客体〉と〈規範主体＝人格〉との関係に移行しているが故に、単なる心理的責任ではなく法的責任が発生するのである。では、法的規範は何故に〈妥当〉するのか。〈人格〉を義務づける当為規範のその〈妥当性〉の根拠とは何か、これこそ法学的認識の重要問題というべきである。

(3)　「法秩序の実定性ということで表現されているのは、法秩序は至上の規範体系であるという法秩序の属性である。論理的にはこれ以外には理解できない（ただし、法秩序は規範体系であるということを前提とする）。即ち、法秩序はより高次の規範から導出しえない規範体系、導出することを要しない至上の規範体系とみなされる、ということである。この点に自然法から乖離した実定法の本質がある。この乖離こそ法実証主義の主張である。」（前掲「法科学は規範科学か文化科学か」）

〈法〉を〈道徳〉へと解消することをせず、法が自立的な規範体系であることを確立せんがためには、法規範の妥当性の根拠を示すことができなければならない。両者が並存・対立の関係にあっても〈上下〉関係にない以上、法規範はその妥当根拠を内含する必要がある。ケルゼンは次のようにいう。

「具体的法秩序の妥当（当為的妥当の意味での妥当）、その規範的性質を命令という事実、立法行為と称される事実的事象の経験的所与性に還元することはできず、そうすることは根本から誤っている。当為を存在に還元することは不可能であり、当為を存在から導出することなどできないのだ。……なにゆえ、君主の命令が、なにゆえ国家の法律（人は通常こういう言い方をする）が遵守されるべきなのか、なにゆえそれらは規範であるのか。この問題に対する答え、つまり具体的法秩序の妥当をそこに遡及しうるのは、再び当為のみでありうる。したがって『汝は君主の命令、国家のいう法律を遵守すべし』というもはや他のものから導出しえない至上の規範が、その答えである。この命題――語の純化された意味での『法命題』――が各具体的法秩序のよって立つ前提、唯一無二の前提である。法秩序は、質料的には決してこの命題に還元しえないし、この命題から導出しえない。その命題は純形式的に具体的法秩序はもはや他のものから導出しえないと述べているにすぎない。いいかえると、その命題は論議の余地のない任意に選択された前提である。」（同上）

法秩序の〈当為性〉の妥当根拠には、実質的・積極的なものはなく、形式的・消極的なものしかない。しかも後者は〈事実〉つまり経験的所与である以上、それに〈当為〉の根拠を置くことは論理的な誤りをおかすことになる。では、解決の道はどこにあるのか。

「口頭であるいは文書でなされる君主の事実的命令、いわゆる立法作用という実在的事象は当該法秩序の『妥当』の根拠（即ち認識根拠）ではない。しかし、その命令・法律の内容は妥当する法秩序の内容である。なぜか。この問題に対する実質的な解答はない。……この問題に対する実質的な解答を放棄すること、『法の法』に向けられ、

結局は正義に向けられるその問題を除外すること、このことにこそ法実証主義の本質がある。」（同上）

ここで重要なのは、法学的認識によっては法秩序の妥当性の根拠（認識根拠）を論理に基礎づけることはできないという認識論上の問題と、他方、君主の命令や国家の立法によっても上の問題は解決しえないという点との区別である。後者の点は、ある意味ではケルゼンの醒めた〈政治的〉立場の表明でもあり、そこには後に言及する〈イデオロギー批判〉の重要な側面がうかがえる。ともかく、実定法の〈当為性〉は、論理的には証明できない。それは、ふたたび根拠なき〈べし〉に依拠している。この結論こそ、ケルゼンの〈イデオロギー批判〉の基盤たる〈批判的相対主義〉の成果であるといってよい。

(4)「認識は、内容的に規定された規範体系、具体的な秩序に対して、それゆえ国家と呼ばれる秩序に対しても、必然性をもって至上という、もはや他のものから導き出せえないという属性を与えることはできない。ここでは法の実定性、国家の主権性の相対的性格を確認しておけば十分である。そして、法（国家）の実定性・主権性の想定を放棄することは、自立的な法概念それゆえ自立的な法科学の否定を意味するということを確認しておけば足りる。」（同上）

唯一絶対の〈至高〉の規範は存在しない。これが〈批判的相対主義〉の原則である。実定法の当為（価値）は〈相対的〉である。「実定法は、実定法規範をより高次の道徳の命法・正義の命法に還元し正当化することが度外視されるときにのみ、『妥当』し実定法とみなされる。」（同上）法科学は、法秩序の〈主権性〉（法秩序の実定性）を前提とするのみである。法の実定性は、それが〈正義〉にかなっているか否かの問題を度外視することに依拠している。では、実定法と〈正義〉とは、いかなる関係にあるのか。ケルゼンはいう。

「法哲学によって認識される観念態としての正義は、厳密にいえば規範の抽象的複合体としての実定法に向けられている要請ではない。それは、法秩序を創設・適用する主体に向けられた要請である。この主体が正義規範の向けられた名宛人であり正義規範によって義務を課せられる。非人格的客体としての法秩序はもちろん正義規範に照らすことができ、この規範によって評価できる。しかし、この規範は法秩序に義務を課すことはできない。」（同上）ケルゼンにとって、法の秩序は〈義務〉の体系である。その義務を法秩序外の〈正義〉の観念によって〈正当化〉することはできない。最後に、ケルゼンの国家観にふれておこう。国家もまた、それをなしえない。国家とは〈法秩序〉を擬人化したものにすぎない。

(5)「国家概念を法概念に還元しようとする純粋な認識批判的無政府主義も少なくとも消極的な倫理的・政治的効果をもたないわけではない。なぜならそれは国家が絶対的実在であり、個人に有無をいわさず与えられたものであること、個人から独立した存在として宿命的に個人に立ち向かうものであること、このような観念を除去するからである。この立場は国家を法秩序に他ならないとし、国家もまた人為の産物であること、人間による、人間のためのものであること、それゆえ国家の本質から人間の抑圧を正当化する帰結を導き出すことはできないことを個人に意識させる。その時々の国家秩序における支配者は、自らの利益に適うゆえに、歴史的・偶然的に定まった国家秩序の内容を絶対的なものと唱え、この秩序の変更の試みに対し国家本質論をもって対抗してきた。それに対しこの理論は、国家とは時に応じて内容の変化する、またそれを変化させうる法秩序であることを示し、至高の強制秩序という形式的な定義以外に国家の定義はありえないことを示して、被治者に有利な国家改革を阻みつづけてきた障壁のうち、政治的に最も有効なものの一つを取り除いたのである。まさしくこのことによってこの理論は法の純粋理論であることを証明する。それは国家に関する似而非理論の政治的濫用を打破するものだからである。／この国家に関する法の純粋理論は、法とは異なった存在としての国家という概念を解消する。それは一種の国家論であるが、国家なき国家論である。これがいかに逆説的に聞こえようと、これによってはじめて法学や国家学が神学の水準から近代科学の域に達するのである。古い国家学や法学が展開した国家概念は、神の概念と同様、認識論上は、古い心理学における『心』、古い物理学における『力』と同様の段階にある。したがって国家の人格は法的心とも法的力ともよびうるのである。それは神・心・力などと同様の実体概念である。近代科学はすべての実体を作用に解消しようとしてきた。心や力の概念はとうの昔に捨てられ、近代心理学は心なき心理学となり、物理学は力なき力学となっている。汎神論が超自然的な神の概念を自然の概念に吸収してしまうことによって、一切の形而上学から解放された真の自然科学が生まれたように、超法的な国家概念を法概念に還元することこそ真の法の科学が発展するために必須の前提である。この法の科学こそすべての自然法から純化された実定法の科学に他ならない。」（長尾龍一訳『神と国家』〈ケルゼン選集〉7、所収）

ここに、政治的無政府主義とは別の批判的無政府主義の立場が、〈国家〉をどう把握するのかがよく示されている。国家は〈法的秩序〉である。法的秩序の背後に、それとは別に実体的に〈国家〉が存在するとみるのは、まさに国家の実体化を意味する。それゆえ、〈主権〉もまた法的秩序の〈属性〉とみなさねばならない。

国家とは、観念的体系としての〈法秩序〉を人格化（擬人化）したものである。この観点からすれば、国家行為、国家意思も〈法〉の外には成立しえない。しかも、人間的人格であれ国家的人格であれ、〈人格〉とは、法的認識のための補助概念であるにすぎない。ある意味では、人格とは〈帰報〉が成立する場である。ケルゼンはいう。

「統一的国家意思・統一的国家人格という観念は、組織の統一性、法秩序の統一性、そして法的妥当の世界即ち法規範の論理的完結性・内的無矛盾性の表現にほかならない。帰報の目的のために行なわれる規範的構成こそが国家意思の本質である」（前掲「法学的方法と社会学的方法の差異について」）と。この点はさらに詳しくみておく必要がある。

「法命題はさしあたって要件としてのある事象に効果としてのある事象が法的に結びつけられていることを述べるに過ぎない。国家がこの法的効果を『欲する』とは、この事象が法命題の体系の中のものとして、即ち法的性格を有する事象としてとらえられることを意味するものに他ならない。『国家』や『国家意志』の概念を『秩序の統一性』『帰報点』（Zurechnungspunkt）『関係点』（Beziehungspunkt）の意味に還元するということの意味はここにある。国家や意思を帰報点だと性格づけたことは、国家が単に思考補助手段としての性格を有するに過ぎないことを認識していたことを意味する。」（前掲『国法学の主要問題』〔第二版一九二三年、序文〕）

国家秩序は法秩序であり、それはまた〈強制秩序〉である。だが、その〈強制〉という性格は、要件と効果とを法的に結びつける法命題そのものに発する、あるいは法的体系に内在する強制力に発するものであって、社会的存在として〈実体化〉された国家に発するものではない。ケルゼンのいう〈純粋〉とは、〈法〉の枠内にとどまりつづける、という意味をもつ。国家は、いかなる法的認識の〈根拠〉をも提供しうるものではない。

4　実定法と自然法

以上によって、ケルゼンの法に対する基本姿勢の概略を辿ったことになる。次に必要なことは、これまでに言及してきた法哲学上の諸問題に、より詳しい考究を加えることである。以下でもまた、ケルゼンの思想に即して、それを行なうことにしよう。

さて、法哲学の分野において顕著にみられる対立は、〈自然法論〉と〈法実証主義〉とのそれである。ケルゼン流にいえば、前者の内実は〈法の形而上学〉であり、後者のそれは〈法の認識〉である。ケルゼンの法哲学は、基本的には、この両者の〈関係〉をめぐって展開されている。ここではまず、上の〈自然法論〉と〈法実証主義〉との対立性が、日常性の次元のみならず法学の次元においても暗黙のうちに解消させられる、という側面と、他方、法実証主義そのもののうちに一種の〈自然法〉が内在することの必然性という側面とに目を向けつつ、そこから、より細部の問題点に移行することにしよう。

1　既述のように、実定法規範の基本形式は、特定の〈要件〉と特定の〈効果〉とを〈べし〉で結びつける〈強制規範〉であった。では、なぜ実定法は〈強制秩序〉たらざるをえないのか。「実定法はその正当性が明証的でないから強制規範たらざるをえず、したがって強制実現の機関が必要となり、かくて強制秩序は強制組織になるのである。この強制組織を伴った強制秩序が国家であり、国家は実定法の完成形態だといってもよい」（「自然法思想論」前掲〈ケルゼン選集〉7、所収）と、ケルゼンはいう。むろん、自然法といえども、その正当性が〈明証的〉であるとはいえない。だが、いまはこの点よりも〈強制〉を不必要とする自然法の存在構造に注目すべきである。

「自然法規範は、特定の条件が生ずればかくすべしと定めるもので、効果として定められるものも、規範の対象となる者の正しき行為そのものであり、自然法の観念からすれば、要件事実が生ずれば、直接明証的にその効果も生ずるはずのものなのである。それゆえしばしば、効果は要件という生活関係、『事物 Ding』のうちに、含まれているかのように考えられている。それゆえに自然法においては実定法のような強制が必要でないのである。自然法はいわば『自ら Von Selbst』実現する。要件事実をみたした者は、それと明証的に結びついた効果をおのずから実現するのである。それゆえ自然法規範はその効果において義務者一人の行為について規定するのみである。その義務は強制行為の威嚇なしに、ただかくなすべしと定めれば充分である。したがって実定法のような強制執行の『機関』は必要がなく、『組織』もまた必要がない。」（同上）

自然法と実定法との差異の一つは、強制の有無にある。「窃盗をなした者は処罰さるべし」（実定法規範）と「契約は遵守さるべし」（自然法規範）との差異に、それは端的にあらわれている。それはまた、前者が人間の不完全性に、後者が人間の〈善性〉にもとづいていることのあらわれでもある。

では、自然法論と法実証主義との癒着・混同は、どのような形態においてあらわれるのだろうか。端的にいえば、それは自然法的規範（第一次規範）が実定法的規範（第二次規範）の正当化の任務を負う、といった発想の中に示されている。ケルゼンは実定法における〈強制〉を〈正しい〉とも〈正義〉に適っているともいわない。なぜか。それをいいうる法認識上の〈根拠〉が存在しないからである。この点にも注目しつつ、以下の記述は読まれるべきである。

「通常、法義務・法規は、(1)『かく行為せよ』、(2)『かく行為せざれば（すなわち(1)の義務違反・規範違反を犯せば）強制が科さるべし』という二つの義務・二つの規範の結合物であるとされているが、これは適当ではない。なぜならこれは強制秩序たる実定法の構造にそぐわないからである。第一次的規範とその違反への強制を定める第二次的法規の区別は無益であるばかりか、誤解の原因となる。なぜなら(2)が強制避止義務を完全に規定しつくしているからである。実定法体系は強制秩序であり、(2)のみがその規範である。(1)の規範を除去したところで実質はなんら変更されず、(1)があればかえって実定法体系にも強制なき法義務が存在しうるようにみられることになる。この規範の二重性は明らかに自然法的思惟に発したものである。それは強制規範の体系たる実定法体系の中に全く場違いの、余計な自然法的命令を持ちこんでいるのである。強制規範でない第一次規範が自ら法義務をつくり出しうるというのが、この二元的定式化の意味するところであろうが、それは暗黙のうちに、この規範が『正しい』内容をもつこと、それに結びついた強制のゆえでなく、『正しい』内容のゆえに拘束力をもつことを前提している。したがってそれは実定法体系に入りこんだ自然法規範に他ならない。これは矛盾である。なぜならそれでは強制を命ずる第二次規範を余分なものとし、さらには不可能とするからである。実定法の強制を命ずる規範に対し、強制の避止を命ずる方の規範を第一次法規範となし、第一次法規範のみが法義務をつくり出すもので、強制規範は第二義的なもの、第一次規範を支持し保障するものにすぎないとなすこの構成は、法と国家の二元論と深く結びついているが、それは実定法の定める強制を『正しい』ものとして正当化し、実定法を自然法的に正当化しようとするものである。特定の要件と強制との結合を、この要件は本来強制なしに拘束力をもつ『正しき』規範の違反であるとなすのは自然法的イデオロギーである。実証主義の立場からの強制の根拠への問いは、実定法の理論の領域でなく、法政策の問題に属するが、その答えはただ、特定の行為が、実定法をつくった諸勢力によって、好ましからぬ有害なものとみなされ、それを強制の威嚇によって行なわせないようにするものだというに尽きる。」（同上）

ケルゼンが、「かく行為せよ」を実定法体系のうちに組みこむことは、その体系の中に〈強制なき法義務〉の存在を認めることになるが故に承認できないという点を主として強調するのは、「かく行為せよ」のその当為の〈妥当性〉はもともと問題外としているからである。「かく行為せざれば強制が科さるべし」という場合、その中に含まれる〈行為〉も〈義務〉も〈強制〉も、正しさということにその根拠を置いてはいない。

ここで、あらためて〈法〉とは何かについてふれておくのがよいだろう。ケルゼンの次の一連の表現が、ほぼそれへの答えをなすであろう。

(1) 「法的技術の原則の根本は、法の領域には絶対的な直接明証的事実はないということにある。換言すれば、『事実それ自体』はなく、権限ある権威が法秩序によって定められた手続で認定した事実のみが、存在する。法秩序は事実それ自体としての窃盗に一定の刑罰を結合しているわけではない。この仕方で法命題（rule of law）を定成化するのは素人のすることで、法律家は『法秩序は権限ある権威が特定の手続で認定した窃盗のみに一定の刑罰を結合する』と定式化する。Aが窃盗をなしたとの判断は主観的なものであって、法秩序によって事実認定をなすべく定められた権威の判断のみが有権的なものである。法の領域では有権的判断のみが決定的である。法秩序によって定められた仕方での事実認定以外は、法学的見地からは無視しうる。」（森田寛二訳「社会技術としての法」〈ケルゼン選集〉3『正義とは何か』所収）

(2)「法という特殊技術——間接的動機づけの技術——の本質は、一定の要件に強制手段という効果を結合することにある。直接的動機づけの技術たる道徳は『汝、盗むなかれ』という。法は『盗む者は処罰さるべし』という。道徳規範は一者の行動を規律するのに対して、法規範は常に少なくとも二者の行動を規律する。即ち、サンクションの要件を満たす行動をなす者（服従者）とサンクションを適用する者（機関）である。法秩序の意図からすると、服従者によって回避さるべき行為、即ち不法行為が、サンクションの要件としては、唯一のものではないが、決定的なものである。特定行為がサンクションを結合され、不法行為と特徴づけられることによって、法秩序はサンクションの発動されることなき反対行為をもたらさんとする。ある者が一定の仕方で行動すべき法的義務を負うとは、それに反する行動、即ち不法行為へのサンクションによって威嚇されているということに他ならない。法規範によって設定された不法行為とサンクションの関係が、法を静態において眺める限り法の基本的関係である。」（同上）

(3)「『法』と称される社会技術は、個人が他人の利益範囲に力づくで干渉することを特殊な手段で抑制するところにあり、かかる干渉がなされた場合には、法的共同体それ自体が、干渉に責任ある個人の利益範囲に対し同様の干渉を加え反作用を示すということである。他人の利益範囲への力づくの干渉、即ち強制手段は、不法行為（delict）としてもサンクションとしても機能する。法というのは、力の使用を不法行為即ち要件としてのみ禁じ、サンクション即ち効果としては許すところの秩序である。」（同上）

以上の記述において注目すべきは、制裁・強制という〈力の使用〉に関して、それが〈正しい〉とも〈正義〉を体現しているとも述べていないことである。法秩序とは、その根拠を〈正義〉への合否を不問にした次元において成立する特殊な秩序体系である。とはいえ、日常的意識は〈正義〉という価値にこだわる。ケルゼンにおいては〈正義〉を法秩序に取りこむとは、自然法を取りこむことに等しい。では、ケルゼンは〈自然法〉とまったく無縁のまま、その法哲学を展開しえたのであろうか。次に問うべきは、実定法と自然法との関係のあり方である。

2　ここで再度、実定法の本質にふれておこう。「ある規範が一定の法秩序に属するのは、その規範がその秩序に属する規範によって定められた仕方で創設されたときである。これが実定法の本質である。」（同上）問題は、実定法を規範の体系として基礎づける規範とは何か、である。それこそ、ケルゼンのいう〈根本規範〉（Grundnorm）である。では、この根本規範と自然法との関係はどうか。この関係をカント的な〈先験哲学〉と結びつけて論じるところにケルゼン的特色がある。しかも、根本規範といえども〈正義〉とは無関係であるという認識が、あくまでも貫かれている点は、特徴的である。次の記述は注目に値する。

「意味包含的な、すなわち矛盾のない秩序の要請によって法学はすでに純粋実証主義の限界を超えている。しかし、この要請の断念はおそらく同時に法学の自己解消であろう。すべての実証主義的な法認識のために必要な前提として示される根本規範が実質的な正義のあらゆる契機を放棄しているにかかわらず、この根本規範のなかに自然法が発見されるとの主張があっても、これに対してなんら異議を唱えることはない。これは先験哲学の諸範疇が経験において与えられたものでなく経験を制約するものであるから、これを形而上学と名づけようとされるのに、反対する必要がないのと同じである。後のばあいには形而上学の、先きのばあいには自然法の最小限度がここでの問題であるにすぎないが、この最小限度なしには自然の認識も法の認識も可能ではない。仮説的根本規範は、実定法が——認識の対象、法学の客体として——いかにして可能であるか、並びに法学はいかにして可能であるか、という疑問に対して解答を与える。だから根本規範の理論を先験論理的自然法と性格づけるのが、もっとも適切であろう。ただし、一方におけるすべての経験認識の先験的諸条件並びに自然認識の法則性と、他方におけるすべての経験をとびこえた超越的形面上学の間におけるように、意味包含的秩序としての実定法の認識を可能たらしめる根本規範と、すべての実定法の彼岸に、実定法と無関係に正義的秩序を基礎づけようとする自然法との間には、全体的で、非常に大きい相違が存在する。この相違は、経験の理論としての批判哲学を主観主義的な思弁から分離し、かつすべての時代にわたって分離するであろうところのものである。この故に、このように前提と限界を意識した実定法の理論は、批判的実証主義とよぶほうがいっそう適切であろう。」（黒田覚訳「自然法論と法実証主義の哲学的基礎」〈ケルゼン選集〉1『自然法論と法実証主義』所収）

〈根本規範〉については論ずべきものが多い。ここでは、ただ、それが自然法的性格をもつとはいえ、その自然法は、絶対的正義を基礎づけようとするような自然法ではなく、まさに〈先験論理的自然法〉である点に、注意しておくだけにとどめよう。

5　根本規範の思想

さて、いよいよケルゼンの法哲学の細部に目を向けることにしよう。ケルゼンの立場は、批判的相対主義、批判的実証主義である。それは具体的には、ケルゼンの法哲学の中でいかに貫かれ、いかなる成果を得ているだろうか。まず、あらためて〈根本規範〉の問題性格の検討を行なうのがよいであろう。

1　法は、その〈創造過程〉をみずから規律している。問題は、だが、最初の法規範の創造を規律するところの、その基礎となるべき法規範は、論理的には存在しないという点にある。それ故、他の法規範を成立させる法創造のルールとしての〈根本規範〉が要請せざるをえないことになる。この根本規範は〈設定〉（setzen）されたものではなく、〈前提〉（voraussetzen）されたものであり、しかも根本規範の創造は〈法体系外の事象〉という性格をもっている（前掲『国法学の主要問題』初版序文、参照）。絶対的善、絶対的正義といった自然法的〈根本規範〉は、実定法のそれではない。自然法の規範は〈絶対的妥当性〉をもつとみなされるが、実定法の規範はあくまでも〈仮説的・

相対的〉な妥当性しかもちえない。実定法的根本規範が〈法体系外の事象〉であるとの意味は、その根本規範の妥当性が実定法の範囲内では基礎づけ不可能であることと、他方では、実定法の妥当根拠がまさに当の根本規範を〈前提〉としてのみ成立するという、この二点をそのうちに含んでいる。実定法的根本規範は、法的規範が何故〈客観的拘束力〉をもつのか、また何故規範としての妥当性をもつのかに答えんとするものである。ケルゼンによれば、根本規範は、歴史的に最初の〈憲法〉のもとに存在する。法実証主義は、その意味において、歴史主義的・相対主義的である。根本規範そのものが仮説妥当的であるが故に、それを前提とする実定法もまた絶対的な〈自己妥当化〉を行なうことはできない。

しかし、ケルゼンのいう実証主義は法社会学的なそれではない。後者のそれは、実証的な〈事実・存在〉から、〈あるいはそのうちに〉〈当為〉を導出しようとする。つまり、存在と当為との論理的峻別化に反するわけである。根本規範はあくまでも〈規範〉つまり当為である。それは、他の規範の妥当根拠となる最終・最高の仮定的規範であるにすぎず、その内実も存在的性格をもたない。

ところで、自然法の観念と実定法の観念には、それぞれ規範の絶対的妥当性と仮説的相対的妥当性が対応するが、同様にまた、それらには〈静態的規範体系〉と〈動態的規範体系〉とが対応する。自然法的静態的体系においては、その根本規範が自己の体系内において諸々の特殊規範へと、いわば〈自己展開〉する。それに反し、実定法的動態体系においては、特定の人間の意思に授権された〈規範定立〉にのみ、その根本規範の役割が限定され、その根本規範の規定するルールに適合するが故に、諸々の特殊規範が〈妥当性〉を得る、という形をとる。ところが、いま問題の実定法秩序の〈根拠〉としての根本規範は、動態的原則によって〈妥当〉するのではない。この根本規範は〈実定法の前提条件〉であるにすぎない。それが自然法的根本規範のごとき性格をもつのは、それが実定法体系の外にあって、それを創設する至上の権威の位置に立つからである。〈根拠〉としての根本規範は、実定法の観念に限界を設けるものである。単なる始源としての〈根拠〉は、それ自身、実定法秩序の論理的（意味包含的）根拠ではないし、またその秩序の論理的整合性を必然化する根拠でもない。むろんまた、それは〈正義〉の観念をそのうちに含まない。

結局、〈根本規範〉は、実定法体系の無矛盾性、論理的妥当性、正義などの〈根拠〉ではなく、実定法の〈効力根拠〉として前提されたものにすぎない。根本規範はいう。「歴史上最初の、大体において実効的な憲法に従って行動せよ、また人々をもそう扱え」（ケルゼン）と。この歴史的に最初の憲法をこえて、さらにより上位の絶対妥当的な〈規範〉をあえて求めないというのが法実証主義の出発点である。この根本規範を絶対的に正当化するのはイデオロギーに属する。実証主義と相対主義とは、まさに一対の関係にある。

2 では、一種の絶対主義の傾向をもつ〈自然法〉の思想とは何か。自然法論の背後には神学がひかえている。その〈自然〉（Natur）は、自然科学でいうそれでなく、神的な起源をもつ〈価値〉充満的な自然である。正しき神のその〈正しさ〉を内在化した超越的自然、あるいは神的摂理を内在化した超越的理性、それが、ここでいう〈自然〉である。人間における〈自然＝本性〉とは、神の中に投影した善・正義といった諸属性をふたたび人間の中へと取りこんだものにほかならない。この再投影が自然法論の実質的な拠点である。人間の善性・正義性が自然法を形成したのではない。自然法がそれらを人間の中に創りあげたのである。神学を背景とした自然法が、絶対不変・絶対の善・絶対の正義の観念を法的規範の中にもちこんだのである。このことに対応して、人間の側に、かく〈あるべき〉人間像が形づくられることになるが、その基本は人間の〈善性〉である。

実定法と自然法との関係は、あのプラトン的〈二世界説〉（あるいは此岸・彼岸、原像・模写の関係）に類似している。実定法は、自然法と対応する限りにおいて〈正当化〉を得るとみなされる。自然法論も実定法の存在を無視することはできない。だが、両者の平和共存には、人間論上の矛盾が存在する。ケルゼンはいう。

「自然法の存在は実定法の定立を無用にするとは、誰もいわなかった。それどころか、すべての自然法論者は実定法の必要性を説いてやまないのである。実のところ、実定法の定立、ないし、実定法定立の権限をもつ国家の存在を正当化することがあらゆる自然法論の最も重要な機能の一つなのであるが、この機能を果たそうとすると、大抵の自然法論は一種独特の矛盾に陥る。自然法論は一方で人間の本性（Nature）は自然法の源泉であると説くが、これは人間の本性が基本的に善でなければならないことを意味する。他方、強制機構を備えた実定法の必要性を自然法論が正当化できるのは、人間が悪だからにほかならない。」（上原行雄訳「科学の法廷における自然法論」前掲〈ケルゼン選集〉3、所収）

自然法の内容が歴史的に様々であったことは後でふれることにする。既述のように実定法の規範は〈人間的権威〉の恣意に由来する〈作品〉である。それは、その起源に関しても、内容の唯一性、正義性に関しても、何らの必然性をもった〈正当性〉をもたないだけでなく、それはまた〈違反〉をも内的に承認している。自然法の観念からすれば、この違反とそれに関連する強制は存在しえないはずである。自然法は人間の〈善〉を想定し実定法は〈悪〉を承認している。

自然法と実定法との関係について、第二に注目すべきは、実定法が自然法との対応関係において〈存在事実〉という性格をもつことである。自然法からみれば、実定法は人為的・被定立的・事実的である。これは〈存在〉の世界に属する。にもかかわらず、他方では実定法は〈当為〉である。それ故、こういえる。「法の実定性の問題はまさに当為と存在という二つの範疇が論理的には相互に排斥し合うものなのにかかわらず、法が同時に当為として、また存在として現われるという点に存在するのである」（前掲「自然法論と法実証主義の哲学的基礎」）と。実定法が〈存在事実〉に変容するとは、それが当為的妥当性をもった規範体系とはみなされない、ということを意味する。

では、自然法はその観念において、人間にいかに関わるのか。〈妥当性〉ではなく〈適合性〉〈矛盾性〉という概念にまず注目しよう。

(1)「法の『存在』は、法規範の当為的妥当という意味と、法規範の内容について人間が表象し意欲するという実効性――すなわち、原因結果として現われる機能――という意味、この二重の意味で語られる。自然法秩序が妥当するものと仮定される立場からは、実定法の『事実的』存在とは、実定法が当為的妥当において存する規範体系としてではなく、字義どおり存在的な事実として考えられることを意味するに他ならない。」（同上）

(2)「自然法にとっては、実定法は妥当的規範としてでなく、単なる事実として考察されるにすぎず、実定法は自然法一般に対する関係で、それと一致しまたは矛盾する故に、妥当しまたは妥当しないかどうか、という問題は、首尾一貫して展開された純粋な自然法観念からは提起できないものである。」（同上）

要するに、自然法は実定法に対し、その事実性は承認しても妥当性は承認しない、ということが、ここでの議論の出発点をなすということである。そして、ケルゼンはいう。

(3)「自然法と実定法という事実（それは規範的妥当における実定法でなく事実性における実定法である）の間には二つの妥当的規範体系の関係が存在するのでなく、当為規範と内容上それに適合した発生事実の間におけるような一つの関係――適合関係――が存在するのである。事実上の行動の内容――それは存在内容である――が規範内容すなわち当為内容と一致するばあいには、人の行動はそれに関係のある規範に適合することがありうる。行動内容が規範内容と矛盾対立（したがって論理的矛盾）の関係にあるなら、その行動は規範に適合しないこと、すなわち、規範に矛盾し、それと衝突し、または規範を『侵害』することもありうるのである。」（同上）

実定法規範の定立・執行、それへの服従という〈事実的〉行動は、自然法的秩序に適合するか矛盾するかに応じて〈正義〉〈不正義〉の判断をくだされる。要するに、これは、自然法は〈事実〉としての実定法に対しては、それの〈妥当〉か否かを判断しえない、ということを意味する。原像としての自然法に、いかに模像としての実定法が適合しているかが問われるわけである。自然法と実定法の関係は、当為と存在の関係に還元されうるし、その関係はさらに〈適合〉関係をなす、という点を確認することが、ここでの必要事である。

ところで、上にみられた〈行動内容・存在内容〉と〈規範内容・当為内容〉との矛盾対立（論理的矛盾）とは何ごとを意味するのか。矛盾律は〈存在〉の領域のみならず〈当為〉のそれにも存在することに注目すべきである。存在領域において〈aはある〉と〈非aはある〉の同時的存在判断は〈矛盾〉を形成し、また当為領域において〈aはあるべし〉と〈非aはあるべし〉の同時的当為判断もやはり〈矛盾〉を形成する。それらは相互に論理的に排斥し合うからである。だが、存在判断における〈aはある〉と当為判断における〈非aはあるべし〉との間には排斥関係はない。〈非aがあるべき〉であるが、実際には〈aがある〉という事態には、論理的矛盾は存在しない。存在と当為の対立は〈矛盾的対立〉を意味しない。それは、存在と存在、当為と当為の対立の場合にのみ存在する。それ故、規範・当為の内容、行動・存在の内容とが、矛盾対立（論理的矛盾）するとは、両者の内容関係が、同時に、〈aであるべし〉と〈非aであるべし〉との関係にあることを意味する。

要するに、aという行動をなすべし（当為内容）かつ同時にaでない行動をなすべし（当為内容）は矛盾するが、aという行動をなすべき（当為内容）であるにもかかわらずaでない行動をなした（存在事実）ことは矛盾ではなく対立であるにすぎないということ、換言すれば、当為内容に違反する行動（存在事実）は、それによって当為内容の妥当性をおびやかすものではない（実定法の場合）にもかかわらず、行動・存在の内容が規範・当為の内容を〈侵害〉するとは、人間行動に対する自然法のまなざしが常に〈かく行動せよ、故にかく行動すべし〉という論法をとって、〈かく行動せり〉という〈存在〉に余地を与えないことに起因する。〈aはあるべし〉と〈非aはある〉との対立関係が矛盾関係に陥るのは、当の〈非aはある〉が、〈非aはあるべし〉にすりかえられるときである。

〈事実〉の当為化、つまり具体的には非正義化がなされる故に、それは当為aと矛盾することになる。

さて、自然法と実定法の第三の関係は、前者が後者に対して〈イデオロギー的〉正当化の機能をもつ、という点である。自然法と実定法とが原像と模像の関係にあるとみなされるとき、後者には自立性は認められない。二世界説的な〈原像と模像〉との関係においては、原像こそ模像の存立根拠であり、模像は原像からの流出物であるとみなされる。だが、この両者の関係はあくまでも〈理念型〉であるにすぎず、現実には原像は模像の正当化というイデオロギー的機能をその任としている。ケルゼンはいう。

「理論によって主張された自然法は本質的には実定法――またはこれは同一である――国家権威を擁護し、正当づけ、絶対化するためのイデオロギーであった。十分に考えぬかれた体系によって実際には無害のものとなったところの、自然法の実定法に対する廃止的効力の主張は、自然法が実定法に対して正当づけ、正当化、絶対化の機能を持ちつづけるためにのみ、維持されなければならなかった。自然法論が法の世界について提供する典型的なすがた、いわば自然法の法的世界像は、次のようである。前景に、実定法がある、その妥当は疑う余地のないものとして。実定法の背後に、実定法を特殊な方法で二重写しにしながら自然法が立つ。自然法はすべての妥当の淵源、すべての社会的価値の淵源を表現する高次の秩序であって、その機能は本質的には実定法の正当づけである。」（同上）

実証主義の立場は、法認識の分野から論理の神学化の傾向を排除することをその基本姿勢としている。〈自然の命令に従うべし〉は〈神の命令に従うべし〉と同質である。すべての人間に〈自身〉で・かつそれに服することが強制なしにおのずから行なわれるような〈神の命令〉は、人間の〈善性〉を想定している。自然法的・神的正義が実現されるのは、この善性故にである。では、法実証主義は〈正義〉をどう捉えるのか。

6　正義か平和か

上で示したのは、自然法と実定法との三様の関係であった。自然法と〈正義〉の観念とは内的必然性をもって結びついているが、実定法とそれとの関係はいかにあるかを次に概観してみよう。

既述のように、法実証主義は法であれ道徳であれ〈人間的経験〉を超絶した絶対不変の規範を承認しない。規範はすべて相対的、可変的である。ケルゼンはいう。

「力説さるべきは実証主義的法理論、即ち現実主義的法理論は、正義なるものはないと主張しているのではなく、極めて多数の、相互に異なり相互に矛盾した正義の規範が想定されざるをえないということである。法実証主義的法理論は、実定法秩序の形成にあたり多様な正義の規範のどれかの規範意識が規定的に働きうること、実際普通は働いていることを否定するものではないし、なかんずくあらゆる実定法秩序、即ち実定法規範設定行為が、これらの正義の規範の何れかによって、その正不正の評価を受けうることを否定するものではない。ただこれらの価値基準が相対的性格をもつにすぎないこと、同一の実定法秩序を設定する行為がある価値基準からは正義として正当化され、他の価値基準からは不正として糾弾されるということもありうることを主張するにすぎない。即ち実定法秩序の効力は規範設定行為を評価する正義の規範から独立しているというにすぎないのである。蓋し実定法の理論は、実定法秩序の効力根拠を多様な正義の規範の何れかに求めることをしない。ある正義の規範が他のものに優越するということはありえないからである。」（長尾龍一訳「自然法論と法実証主義」前掲〈ケルゼン選集〉1、所収）

これが〈正義〉問題に関するケルゼンの基本的見解である。むろん、ケルゼンは〈正義〉とは何かの問題は認識の彼方のこととして、これに解答を示す姿勢を示してはいない。〈善には善を、悪には悪を〉という応報原理が正義をあらわしているかにみえても、その内実は空虚であり、また〈平等〉の原理にしても同様である。「等しき者に等しきを保証せよ」は、だれが、また何が〈等しい〉かを語るものではない。これは結局、ケルゼンの指摘するように、〈同一性の原則〉（矛盾律）を述べているにすぎない。〈平等〉という倫理的・正義的理想の論理的理想化〈合理化〉が行なわれているわけであるが、認識のなしうることはそこまでである。

実定法秩序は〈平和的〉秩序であって、正義の秩序ではない。むしろ〈平和〉を志向するとは〈正義〉を放棄することである。実定法の〈秩序〉は、対立する諸利益の均衡状態からなっている。この均衡状態は必ずしも〈平等〉、したがって正義を実現しているとは限らない。国家権力と正義とを結びつける専制性に比して、民主制の特徴が示されるのは、その点である。例えば、ケルゼンの考えはこうである。

「民主制のもつ合理主義的性格を顕著に示すのは、国家秩序を可能な限り目的意識的に設定された成文一般規範の体系として樹立し、それによって個別的な司法行為や行政行為を可能な限り厳密に規定し、予測可能性をもたせようとする志向である。民主制は国家活動の重点を立法におこうとする傾向、法律国家（Gesetzesstaat）となろうとする本性的傾向をもっている。ここで決定的役割を果しているのは合法性の理念であり、それ故個々の国家行為の正当性が合理性に、即ち合法性に求められるべきだという観念である。ここでは正義というものは疑問の対象であるから、それより法的安定性が優先し、自然法論より法実証主義が好まれる。」（長尾龍一訳「政治体制と世界観」前掲〈ケルゼン選集〉1、所収）

合理性、合法性、予測可能性は〈正義性〉とは次元を異にすることはいうまでもない。無矛盾性という意味での形式的正義は、すでに合理性に属する。ケルゼンの立場は、正義よりは〈平和〉を求めるものである。「一定の条件のもとで一定の強制行為が発動さるべし」という実定法規範の基本形式は、既述のように、人間的権威の〈恣意〉に発するものである。この形式は〈不正〉を排除しておらず、したがって〈悪しき実定法〉をも、そのうちに含むことになる。実定法の規範に服する者が必ず〈正義〉に服していると考えるとは限らないであろう。要するに、法実証主義の立場では、法の実定性が〈正義〉を尺度とすることを認めることはできないのである。

ところで、ケルゼンはその「プラトンの正義論」（前掲〈ケルゼン選集〉7、所収）や「正義とは何か」（前掲〈ケルゼン選集〉3、所収）において正義問題に取りくんでいるが、むろん解決はみていない。正義問題は、例えば、違法行為に対して法が定めた〈不法効果としての悪〉が、はたしてどれだけの〈正義〉を実現しているかの問題を含んでいる。この点についても後に改めて論じる必要があるだろう。正義を抽象的な応報原則に還元するだけでは、あまりにも内容空虚である。

第2章　法学と社会学

1　最小限の自然法

R・パウンドの指摘にもあるように（末延三次訳『法の任務』岩波書店、参照）、法（law）は個々の法律（laws）の集合とは異なる。一般に、一つの〈法体系〉なるものは、個々の法律と法との結合体である。そして両者の関係は〈図―地〉のそれにたとえることができよう。あるいは、両者の関係は、H・L・A・ハートが前掲『法の概念』の中で〈ルール〉に関して用いた表現を借りていえば、〈確実な核心 core of certainty〉と〈疑わしい半影 penumbra of doubt〉の関係と称することもできよう。実定法を取りまく自然法は、〈曖昧な周縁 a fringe of vagueness〉として、そうした性格をもっていよう。むろん、その〈曖昧さ〉は、空虚や虚構の別名ではない。むしろ、法体系の存立にとって不可欠な源泉でさえある。

すでに一瞥を投じたH・ケルゼンの〈純粋法学〉は、法実証主義の立場から志向されたものであったが、かれとて、純粋な法が存在するとは考えなかった。法の純粋な理論がめざされていたにすぎない。むろん、法理論の純化の志向の背景には、ケンゼルによる〈存在 Sein〉と〈当為 Sollen〉との峻別化の思念が存在する。〈存在〉の世界には、自然科学的因果論が通用しえても、〈当為〉の世界には〈帰属的連関〉という概念しか妥当しない、という見解、これは法理論の〈論理〉の性格の独自性（純粋性）をめざしたものであった。他方、ケルゼンは、法の理論はあくまでも〈人間の作品〉であるという立場から、自然法による法理論の〈聖化〉（Verklarung）を拒否したということ、これはまた〈当為〉の妥当性に関しても〈聖なる論理〉は成立しえない、との主張を意味するものであった。とはいえ、ケルゼンは、実定法が〈正義〉や〈倫理〉の観念なくして成立するとは考えてはいない。法体系の法の次元では、事実においても理論においても〈倫理〉との接触は不可避だからである。法体系は、形式的論理の自己完結性（完全性）の上に安定しているものではない。むしろそれは、それ自身の理論の倫理化、あるいは倫理の理論化という問題性に常に直面している。

ところで、ハートのいう〈自然法の最小限の内容〉は、法体系の論理的構成の限界を示すものであった。それは、人間相互の関係の法的—当為的論理化以前の、いわば人間存在の〈存在—内在的—倫理性〉ともいうべきものであって、ハートにとっては、実定法の基盤を意味するものであった。周知のように、ハートのいう〈責務の第一次的ルール primary rules of obligation〉は、人間の身体の〈傷つきやすさ〉に起因する相互承認のルールであった。その相互承認の必要性は、人間の〈存在〉事実性にとって必然的なものであった。法体系の客観性を外的と称するとすれば、その内的な側面は、人間存在の存在論的内容であろう。これには当然、身体論も含まれる。

ケルゼンの示した〈存在〉と〈当為〉との対比は、あのカントのいう〈現象人 homo phaenomenon〉（つまり身体的人間）と〈本体人 homo noumenon〉（つまり脱身体的な人格）との対比、より一般的にいえば〈身体〉と〈意識〉、〈客観〉と〈主観〉などの対比と対応関係をもっている。人間の〈存在〉次元での相互依存関係と無関係に、その〈当為〉次元での相互性が成り立つとみるのは、あまりにも論理主義的である。〈理念の素材被規定性 Stoffbestimmtheit der Idee〉（ラートブルフ）といういい方を借りていえば、当為の存在被規定性という表現も十分に成り立つであろう。むろん、これに加えて、存在の当為被規定性という面も現実性をもっている。いま重要なことは、存在と当為との間に、現実には〈現象〉しない境界線をあらかじめ引くことをやめることである。

2　行為の計算可能性

さて、法はケルゼン流の法学的思考に対してのみその姿をあらわすものではない。〈法が存在する〉という場合、いったい何が存在するのだろうか。あるいは何が問題なのか。また、そのことはどのような現象形態をとるであろうか。多くの法命題の論理的整合性のうちにも〈法はある〉。だが、それだけではない。一般に、ことばはそれ自身のうちで自足しているのではなく、何らかの〈行為〉を促すという作用の機能をもっている。とりわけ言語的形式に則った法命題は、行為の相互的関係の整合性のうちに、おのれの具体化をもつ、という特殊性をおびた表現形態である。法は〈ことば〉の中にあると同時に〈行為〉の中にもある。これは、法がことばの体系であると同時に、行為の体系でもあることを意味する。

ことばの言語的表現性が、なぜ、異次元の実践的表現性を得ることになるか、これは問われてよい問題である。法における〈ことば〉と〈行為〉は、法の現象形態の重要な側面である。それ故、〈法の現象学〉は、法学的思考に加えて法社会学的思考にも依拠しなければならない。では、両者の違いはどこにあるか。この点で有益なのは、M・ウェーバーの次の文章である。

「法学的な考察方法は、法規範として現われてくる一つの言語構成体には、どのような意義が、すなわちどのような規範的意味が、論理的に正当な仕方で、帰属すべきであるか、ということを問題にする。これに反して、社会学的な考察方法は、共同社会行為に参加している人たち――そのうちでもとくに、この共同社会行為《ゲマインシャフツハンデルン》に対する事実上の影響力を、社会的に重要な程度に握っている人たち——が、一定の秩序を妥当力あるものと主観的にみなし、また実際上そのようにとり扱う、つまり彼ら自身の行為をこの秩序に志向《オリエンティーレン》させる、というチャンスが存在している場合、このことによって、ある共同体《ゲマインシャフト》の内部で、事実上何がおこるか、ということを問題にする。」（世良晃志郎訳『法社会学』創文社、三頁）

法学的な思考方法がどのような特質をもっているかについては、すでにケルゼンの〈法の世界〉に即して、瞥見しておいた。当面、問題は法社会学的思考方法が〈法と人間〉の関係をどう見ているか、である。だが、いまはM・ウェーバーの〈法社会学〉に深入りすることはできない。法の社会性と人間の社会性との重なり具合いをみるためには、少なくとも、G・H・ミード、T・パーソンズ、A・シュッツ、N・ルーマンらの〈社会学〉の視圏にまで歩を進めておく必要があるからである。とはいえ、上の引用にほぼ即する形で、ウェーバーの〈法〉理解に関して、若干ふれておくのは有益であろう。

1　法学的思考によって構成された法命題の論理的妥当性という意味での〈法秩序〉は、人々の〈行態〉（Verhalten）の事実上の秩序妥当性とは直接の関連はないということ。人々は法学的〈法秩序〉なるものを知らぬまま、生活上の習俗や習慣、あるいは道徳的観念に従って行動していることがあるからである。法秩序は、それが秩序であるが故に（つまり、それを動機として）遵守されるとは限らない。法秩序が事実上、遵守されているという意味での〈妥当〉と、行為においても主観的に〈志向されている〉という意味での〈妥当〉とは区別されるべきである。法秩序が事実上、あるいは結果において遵守されているという場合、その動機は様々であり、必ずしも、当の法秩序そのもののために、妥当な行為が行なわれたとはいいがたい。だが、他方、法秩序がそれとして〈志向的〉に遵守される場合、その法秩序の妥当性は、当の志向的意識に拘束的に作用する妥当性である。この場合、当の志向的意識は、一定の強制装置という〈法強制〉（Rechtszwang）を含んだ法秩序のために、おのれの行為を法義務的に律していることになる。行為の〈意味〉が法的妥当性を得るのは、このときである。

法命題の論理的妥当性は、行為の理由や目的に関して何が唯一妥当的であるかを規定してはいない。何を理由として（理由動機）、何を目的とするか（目的動機）に関係なく、法命題は存立しうる。例えば「人ヲ殺シタル者ハ死刑又ハ無期若クハ三年〔五年に改定〕以上ノ懲役ニ処ス」（刑法一九九条）は、殺人行為そのものへの道徳的嫌悪感によってであれ、また、殺人行為の結果、自分の何らかの目的が遂行不可能となるが故に、これを行なわない場合であれ、そのいずれが妥当的であるかを示さないまま、当の命題は存立しうる。要するに、いまは、法命題の論理的妥当性と、その法命題が遵守されているその仕方の妥当性とは異なる、という点に留意するだけでよいだろう。

2　法秩序は、社会的行為の秩序に関連することはいうまでもない。いわゆる〈法的安定性〉（Rechtssicherheit）は、法秩序の安定性を指すことばであるが、しかし、志向的行為という視角からすれば〈安定性〉とは何ごとを意味するだろうか。この論点に関しては、ウェーバー諒解社会学の多くの概念装置を動員しなければならないが、ここでは最小限にとどめざるをえない。行為の〈計算可能性〉（Berechenbarkeit）という概念を軸に、社会的行為の安定性とは内的に何を意味するか、に論点を絞るのがよいだろう。むろん、法秩序は、行為の安定性にとって重要な成分であるが、前者は後者を全面的におおうものでは決してない。〈法規則〉への志向によって成立する秩序（狭い意味での合法的行為からなる秩序）よりも、いわゆる人々の〈目的合理的な行為の格率〉からなる規則性において現実化されている秩序の方が、共同社会にとって、より根底的である、というのがウェーバーの基本的見解である。人々は、互いに、目的合理的な行為が〈有効的〉であることを主観的に〈期待〉しあっているし、また、その期待は客観的にも保障されている場合、行為の規則性は高まるであろう。そして、この規則性が妥当していることの観念のもとで、人々は、自分の行為の結果をあらかじめ〈計算〉できることになる（むろん、法的保障は、この計算の確実性を高めはするが、しかし、それは人々の行為の相互期待的規則性の源泉となるものではない）。

むろん、行為はそれが共同社会的行為あるいは了解行為である限り、その行為に即して〈期待〉しているのは、相手（他者）の行為である。期待の対象は、単なる規則性ではなく、それをみずからも主観的に確信している、いわば〈期待共同体〉の一員ともいうべき、他者の行為である。かれは、期待をよせられることを期待することにおいて、相手の利益を保障し、またそのことにおいて、みずからの利益をも相手に保障させる。この点についてウェーバーは次のようにいう。

「法と習律と習俗とは、われわれがある他人の——彼から期待される、または彼によって約束された、あるいはその他彼の義務とみなされるような——行為《フェアルテン》の保障者として当てにしている、また当てにしうる唯一の力では決してなく、これらのほかに、とりわけ、一定の諒解行為《アインフェアシュテントニスハンデルン》の存続そのものを求める他人自身の利害関心が保障者として働いている。」（同、五一頁）

〈期待〉の相互性においては、人々は、相手を拘束する規則は、自分自身をも拘束するものであることを、まさに互いに諒解しており、しかも、この相互諒解がさらに相互に諒解されているという〈二重諒解〉の上に、行為の規則性が成立している。目的合理的な行為の、その計算可能性は、それだけで成立するのではなく、まさに上の〈二重諒解〉に参加している他者自身の行為的介入に規定されている。のみならず、その介入形態の〈一般化〉も、計算可能性の構成因である。相手の対応があまりにも個々別々に、個性的に行なわれる場合には、計算可能性は低下するからである。

3　ところで、行為の主観的な計算可能性は、法そのものの合理的な規則性、つまり〈法体系〉の客観的な計算可能性を要求することになる。この二つの計算可能性は、しかし、決して合致することはない。前者が〈実質的な〉計算可能性（実質的合理性）であるのに対し、後者は〈形式的な〉計算可能性（論理的合理性）であるからである。習俗や習律に依拠した実質的合理性は、法形式主義からは〈非合理〉とみえることになろう。その場合、人々の実質的な〈期待〉は裏切られるばかりでなく、それを裏切ることが法秩序の〈合理性〉の実質となる。これは、〈正義〉への期待と、〈合法性〉への期待との対立ということができよう。例えば、ウェーバーも指摘するように、電気窃盗の場合、窃盗の定義によっては、被害者の期待を裏切ることが、合法的なことになる。主観的には合理的な期待であっても、客観的には非合理的なものになるのは、それが合法性の論理に否定的に〈反射〉するからである。ウェーバーはいう。

「純粋に専門法学的な論理は、不可避的に、私的な法利害関係者たちの『期待』を根本的に裏切るような結果に、くり返し導いてゆかざるをえない。ここで専門法学的な論理といったのは、抽象的な『法命題』に依拠しつつ、また、学問的に獲得された『諸原理』にしたがって法律家が『考え』えないものは、法的にも存在しないものであるという支配的な原則によりつつ、生の諸事実を法律的に『構成』することである。というのは、法利害関係者たちの『期待』は、法命題の経済的なまたはほとんど功利的・実際的な『意味』に向けられているのであるが、しかしこの意味は——法論理的にみると——非合理的であるからである。」（同、五一四頁）

それ故、法の論理的形式的合理化は、現実的には、多くの非合理的〈期待〉の実現化という面を伴わざるをえないことになる。しかも、この〈期待〉は、実質的には〈権利〉の意識でもあるが故に、法形式主義にとっては重大な脅威となる。

3 社会構造の複雑性

さて、以上は、M・ウェーバーの〈法思想〉の一端の描出であるが、それによっても〈法の理論〉は、決して自己充足的でも、また自己完結的でもないことが判明するであろう。外的な〈法の論理〉の妥当性は、常に、その内的な〈妥当―志向性〉と関連しているだけではなく、それはまた、正当化の根拠を〈法以前的〉領域にもつという点においても、自足的ではない。法社会学にとっては、制定法秩序のみが〈秩序〉ではない。社会秩序は、制度的保障や相互主観的保障に支えられている。当面、関心の対象は、狭い意味の法秩序ではなく、人間関係の相互性に内在する秩序の方である。これは当然、人間存在論に関係する。〈法〉が存在する、という場合、それは人間存在にとって、いかなる〈意味 Sinn〉をもつのか、あるいは、〈法の存在〉は、いかなる出来事として人間社会に現象するのか、また、一般に、〈秩序〉とは、いかなる意味性において人間存在に関わっているのか。こうした論点のために、以下でしばらく、N・ルーマンの思想圏に一瞥を投ずることにしよう。問題の性質上、その『法社会学』（村上・六本訳、岩波書店）が対象になるが、本書はルーマンの社会システム論を支える重要概念がほぼ出そろっている、という意味でも有意義である。

1　さて、社会構造の〈複雑性 Komplexität〉に対応して、制定法秩序の複雑性もまた高まるのは当然であろう。政治、経済、法、教育、家庭等々の相互の結びつきは、見透しがたい構造連関的な複雑性をおびている。それらの社会構造契機は、相互依存、相互制約、相互排除などの多様な〈可能性〉を内に秘めつつ、他に対しているために、それがいかなる存在形態をとりうるかは、その構造化された複雑性に生じる〈可能性〉に依存しているという意味において〈不確定 Kontingenz〉である。そこで、この不確定性に〈縮減 Reduktion〉を加える必要が生じることになるが、このことに〈法〉はいかに関わるか、これがルーマンの問題意識の中心である。

ところで、複雑性、不確定性、縮減の概念に関わるのが、ウェーバーにおいてもみられた〈期待＝予期 Erwartung〉の概念である。人間関係の相互性においては、予期は単純ではない。私の予期は相手によって予期される予期であり、また、相手の予期は、同様に、私の予期によって予期される予期でもある。こうした予期の交叉状況は、もともと人間存在が構造的に、〈対自的―対他性〉と〈対他的―対自性〉によって構成されていることに起因する。相手の予期についての私の予期は、相手の予期の対象になるが、これがまた私の予期の対象になるという現象は、一般に、予期そのものが複雑かつ不確定であることを示している。私の一定の〈行為〉が、相手にとってどのような〈意味〉をもつのか、その私の予期を、相手自身も予期しうることを私は予期するという事が、通常の〈予期構造〉の実質を形成している。この〈予期の相互反射〉に一定のルールを与え、それに一般的な安定性をもたらすのが、社会システムとしての〈法〉の役割となる。(1) それによって、予期は主観性の次元から規範性（あるいは客観性）の次元へと移行することになる。予期の確実性（ウェーバー流にいえば計算可能性の必然性）とは、一般的にいえば、相手の行為に対する私の予期が相手自身の行為において満たされることの予期を、相手自身が私に保障していることを予期できることの確実性である。これによって、私と相手とは互いに、何をなしえ、何をなすべきでないか、が決まってこよう。「人は右、車は左」に違反することは、相互予期的な〈行動予期〉への裏切りという面をもつ。

2　ところで、予期は、それが学習可能的であるか否かに応じて、〈認知的予期 die kognitive Erwartung〉と〈規範的予期 die normative Erwartung〉とに類別することができる。予期に反すること（予期違背的事実）が生じた場合、まさにその予期は誤算であったとして放棄され、かつその誤算事実に学ぶ用意のできているのが認知的予期の特徴である。他方、規範的予期においては、予期違背事実の生じうることが前もって予見されており、かつ、それが的中しても当の〈予期〉が放棄されない点にその特徴がある。私が特定の他者に対して或る権利を所有するとき、相手側の義務遂行の予期は、特別の事情がない限り、学習（したがって試行錯誤）の対象とはならない。かくして「規範とは、抗事実的に安定化された行動予期である」（同、五〇頁）との定義が導かれることになる。そこにみられる〈抗事実的安定化 die kontrafaktische Stabilisierung〉は、むろん反事実的でも超事実的でもない。

客観的に何が〈規範〉であるか、また論理的に何が〈規範〉であるべきか、この問い方は法学的思考に特徴的である。だが、これは規範概念に関して〈呪術からの解放 Entzauberung〉として機能する限りにおいて無意味ではない。だが、それが〈予期の現象学〉（むろん、これから規範やサンクションの現象学が成立する）を排除する限り、それは呪術に加担することになろう。

3　認知的と規範的との、予期の二様式のうち〈法〉にとって重要なのは、いうまでもなく規範的予期である。予期は幻滅に終わる可能性に常に直面している。私が相手は〈規範的予期〉をもっていると規範的に予期している場合、その予期が裏切られること（相手の逸脱行動、私の逸脱体験）は重大な意味をもつ。それは単なる私的な事柄ではなく、規範そのものの妥当性の危機（規範であることの危機）という事態だからである。また、この危機は、当事者間における規範の不安定化とも異なる。この危機を救う可能性をもつのは、私と相手とをともにつつむ匿名的な第三者の規範的予期の存在である。それは匿名的であることによって特殊性（時と場と個人の特殊性）をこえた一般性（合意性、同質性、不変性）をもつという意味では安定性をもっているが、しかし、それはあくまでも主観的に擬制的なものであるにすぎない。それ故、匿名者の規範的予期を人々に認知的（学習的）に予期させる者、つまり裁判官の存在が必要となる。

ルーマンの思考の特色は、裁判官の存在をあくまでも〈予期構造〉と関連づけて捉える点にある。多くの予期者が多様な予期内容をもつことに対応して、多くの逸脱者が多様な逸脱内容をもって存在しているという複雑かつ不確定な状況が、一般に〈予期行動の制度化〉を必然たらしめるのであるが、裁判制度はその客観化である。では、予期構造との関連において裁判官の存在意味は何であろうか。

ルーマンは次のようにいう。

「規範的に意味のある第三者の合意を提供する特別の役割の分離は、基本的には、行動予期を制度化することの制度化というかたちをとる。匿名の第三者がもつかもしれない共予期は、一方では規範的に予期される行動に依然として直接関係するが、さらにそれに加えて、規範的に予期されるものの定式化を行なう特別の役割を担う者の行動にも関係する。個人の立場からこれを見れば、裁判官がかれ（その個人）から予期することを人々がかれに対して予期する、ということをかれは予期しなければならないのである。もっとはっきり言えば、裁判官が――したがってまた人々が――かれ（その個人）とかれの相手方との双方から予期することを、かれの相手方がかれから予期する、ということをかれは予期するということである。」（同、八八頁）

いま、この文脈で問題なのは、具体的な裁判制度のあり方ではない。あくまでも規範的予期の可能性を現実化させるための方途が議論の対象である。〈規範〉は生活場面のいたるところに多様なあり方をもって存在している。裁判はその特殊な事例であるにすぎない。

4　〈予期〉は認知的と規範的との区別のほかにも、予期可能性という点に関していくつか分類化が可能である。私の友人A氏（人物の同一性）が一定の場面でどのような行動に出るかは、ほぼ予期できる。私の乗るバスの運転手（役割の同一性）は、業務上の役割にそって、私を一定の地点にまで運んでくれることを私は予期している。その場合、私は運転手を人物としては知ってはいない。私の予期はかれの〈役割〉という抽象性に即して形成されており、その具体的な人物性は無関連的なものとして度外視されている。むろん、運転手にとっても私は〈乗客〉という抽象性をおびることになる。私はそのことを予期している。この二重の予期は、他の乗客たちにも及んでいることを私は予期している。そして私は、このバスが交通法規に従って、一定のコースをほぼ時刻表通りに走ることを予期しているし、さらには、このバスが〈人命大事〉の価値に即して運行されることも私は予期している。この場合、認知的または規範的予期に違背することも生じうる。その違背の判断基準は、とうぜん役割遂行者の、その役割行為に関する乗客たち（第三者）の一員としての私の予期内容である。かくして、運転手がガムをかむことは是認できるが、かれがタバコをすうことは無視できない、ということになる。

一般に、制度や役割は、予期を抽象性のレヴェルで安定化させる働きをもっている。それは基本的には、制度や役割が個人性を排除した〈第三者性〉をおびており、それ故にまた、予期者の予期も反射的に〈制度化〉されるからである。役割の意味の客観的同定化（制度的意味形成）に伴って、役割も予期も第三者的になる。これは予期を容易にする契機である。

4　実定法の妥当性

さて、〈法〉とは、ルーマンによれば、〈整合的に一般化された規範的行動予期〉の束のごときものである。それは、所与の、その意味では〈存在〉と化した〈当為〉の束でもなければ、国家的制裁の秩序体のごときものでもない。それがもつ〈強制〉作用は、行動予期の可能的〈選択〉を、その対象としているのであって、直接的な行動の方ではない。ルーマンの基本的考え方はこうである。

「法は、第一義的に強制の秩序なのでは決してなく、予期を容易にするものなのである。容易にするというのは、整合的に一般化された予期の軌道が与えられていることを意味する。すなわち、それは、他の可能性に対する、高度に無害な無関連性を意味するのであって、この無関連性は、抗事実的な予期に伴う危険を大幅に減少させうるものである。法にとって本質的な強制状況とは、予期の選択への強制なのである。特定の行動への強制は、予期の選択が強制された結果として、重要かもしれないが数少ない場合に生ずるにすぎない。確実性の必要は法を特徴づけるものに違いないが、それは、何よりもまず自己の予期の――とくに予期の予期の――確実性なのであり、この予期が予期された行動によってみたされることの確実性は第二次的に問題となるにすぎない。全体社会システムの法によって予期の整合性が確保されてはじめて、各次元〔つまり、規範的予期の時間的継続性、社会的合意性、意味内容的同一性――筆者〕に特有の一般化のより高度な諸形態と、予期の予期という反射的レベルにおける整合性とが発展しうるのである。このような意味で、法は、社会の進化のための不可欠の基礎にほかならない。」（同、一一三頁）

とうぜん、法は一般的な〈予期構造〉の内部から特殊法的な予期構造を制度的に形成し、それを前者から分離独立させ、機能的自立化を獲得することになろう。それによって法は、予期の〈可能性〉の確保の体系と化すことになる。人々は、法的に〈無関連性〉の領域にあるものが、法的予期を幻滅に終わらせることはないことを予期しうるし、また、重大な予期違背に対しては物理的実力の行使がなされうることの予期ももちうることになる。その実力の実質的な効果は、その行使の現実的な波及効果にあるのではなく、それが予期に対して可能的に及ぼす効果にある。

ところで、ここでいう〈法〉とは、原始法や自然法とは異なる〈実定法〉である。それは、過度の可能性をもつ行為の複雑かつ不確定な〈選択領域〉としての全体社会における一つの社会システムである。実定法の存在意味は全体社会との関連性において顕示されるだろう。次にそれをみよう。

1　まず、次のルーマンの表現に留意すべきである。

「実定法が形成されるのは、全体社会の一つの部分システムが法についての決定権を奪い取り、全体社会を自己の環境として、また情報や圧力や規範化への刺激の源泉として、要するに過度に複雑な選択分野として、扱いうる場合である。全体社会システム自体の高度の複雑性は、こうして、全体社会内部の、システムと環境とのやりとりへと加工される。全体社会は内的分化によってのみ、すなわちシステムと環境との分化が内部でもう一度行なわれることによってのみ、自己を動的なものとすることができる。」（同、二六九頁）

全体社会の複雑性と不確定性とは、全体社会が、独自的機能をもつ多くの部分システムにわかれ（機能的分化）、かつそれらが融合して、さらに多くの、相互条件依存的な不確定な〈可能性〉を、全体社会内部に常に生みだしていることにある。軍事的事情が、経済的にはきわめて実現困難な可能性の現実化をせまる、といった結果、それがまた政治の領域に予期しえなかった影響を及ぼし、これがまた教育にも波及する、といった事情が、全体社会を特定の視座からのみみつめうることを不可能にしている。ある視座からの可能性の現実化は、別のそれからの可能性に、いかなる意外性をもちこむことになるか、その全体的な相互依存の連鎖は不透明のままである。この可能性の〈過剰生産〉に対応して選択的に定立されるのが〈実定法 lex positiva〉である。

実定法は、その定立性（選択的決定性）の故に〈妥当する gelten〉のであり、あのケルゼン流の〈根本規範〉による支えは無用である。ルーマンはいう、「実定法は、より高次の法が許容するがゆえに妥当するのではなく、自己の選択性が整合的定立機能を果たすがゆえに妥当するのである」と（同、二二二頁）。むろん、定立性（選択的決定性〉そのものの中に、その自己妥当化の〈根拠〉がアプリオリに存在しているわけではない。全体社会における〈可能性〉の潜在的・顕在的な構造的拡大が、定立・決定を〈法〉の原理とさせるが故に、それが妥当性を獲得するのである。したがって、その実定性の妥当性は変更可能性に常に直面している。決定されるが故に妥当するという妥当性概念の導入は、とうぜん実定法に不確定要素をもちこむことになる。だが、この要素は社会に潜在的・顕在的に存在する新たな法需要にとってはポジティブな意味をもつ。

2 ところで、ここは実定法の全体像をえがく場所ではない。そこで、実定法と〈予期〉との関連性という観点を設定してみよう。予期は、既述のように、認知的と規範的、また具体的と抽象的などの区別を可能とするものであった。法の世界においては、予期は脱個人化の構造性をもつこと（個人的関心や動機との無関連性）はいうまでもない。規範的な予期そのものが〈規範性〉をもつのが、その特徴である。「AならばB」（法的構成要件と法的効果との予期連関）の関係が、時と場と人の偶然性とは無関係に、規範的に自己貫徹することになる。だが、他方では、この法的な、つまり因果的ではない帰属的な予期連関の定立的妥当性を法的に変更しうる側面を、実定法はもっている。つまり、法の規範的妥当性が学習の対象になる余地を制度的に残しているのが、実定性の特徴である。かくして、次のようにいえる。

「法の実定化は、帰するところ、同一の法秩序において学習と非学習の可能性がともに制度化されており、同一の規範に関して認知的態度と規範的態度とがともに制度化されていなければならない、ということを意味する。」（同、二六二頁）

しかし、学習可能性（変更可能性）は、他面では、学習すべき予期と、学習すべきではない予期との関係に動揺をもたらすことになる。わが子を殺害された親は、死刑の効果を規範的に予期し、決して学習の用意をもたないのが通常である。〈三年以上の懲役〉刑は、親にとっては、意外かつ不自然な予期の強制となろう。つまり、殺人の事実とは無関係性をもっと非学習的に思われる予期を、第三者（裁判官）の予期から予期すべく予期されていることの非自明性に、学習の用意ができないのである。この場合、刑法一九九条の内容のみならず前提そのものが問われることになる。〈合法律性 Legalität〉と〈正当性 Legitimität〉と〈正義性 Rechtlichkeit〉の三者がぶつかり合うのは、このときである。

3　だが、実定法は〈正義性〉の体系ではない。問題は、Legalität の Legitimität である。この正当性（例えば、正当防衛による殺害の正当性のごとき）は、絶対の正義・真実・妥当にその根拠をもつものではない。これらの絶対性は学習的（認知的）態度の対象ではない。正当性はむしろ、学習の必然化の可能性の問題である。ルーマンはいう。「決定の対象となる者が決定を下す者から規範的予期として通知されたことに対して認知的な態度をとることが任意の第三者によって規範的に予期されると想定されうるような決定は、正当である。」（同、二八六頁）

ここでの〈予期構造〉が正当性の構造である。野球のゲームにおける選手、審判員、解説者（第三者）、見物人の四者関係の、その関係構造を考え合わせればよいだろう。むろん、四者の間の不一致は避けがたい。それは、他者の規範的予期を学習すべきことを規範的に予期することの困難さに由来する。規範的に予期することは、まさに抗事実的に予期することである。だれの予期を学習あるいは非学習の対象とすべきか、またどの程度そうすべきか、こうした予期投射の錯綜にも複雑性と不確定性はつきものである。審判員に対しても学習の必要性が規範的に予期されているのが現実である。むろん、この場合は抗事実的な〈役割〉遂行のためであるが。

4　さいごに、実定法をめぐる〈知〉の不安、といった側面に言及しておかねばならない。既述のように、実定法の実定性は、自然法的な正義の観念との無連関性と、他方、非学習的な規範性との、学習的な認知性の強い関連性の導入に、その特殊な存在意味をもっている。学習すべきでないことの学習強制、また、学習すべきことの非学習強制、といった強制が人々の立場に応じて互いに対立関係に入ることは必至である。実定法の成果は、それがみずから生みだすものではない。〈予期の予期〉（現象学でいう Appräsentation の問題）という、条件次第では成立しえないことの成立予期への予期強制的参加の要請に、人々が擬制的に応じていることに、それは依存している。実定法は、ルーマンも指摘するように、〈ありそうもないこと〉をありうることにする一つの社会システムである。その問題性の所在はこうである。

「社会と法のこれまでの発展史を振り返ってみると、耐えうる不確実性を範疇化するとともに拡大し、危険の大きい、ありそうにない諸成果を安定化するという、規範的メカニズムの機能が明瞭に浮かび上ってくる。その機能は、一面で予期を抗事実的に、額面以上に活用する可能性に依拠し、同時に他面で不確定的な諸事態相互を条件的に結合する可能性に依拠するものであった。このようにして、予期しうべからざるものが、それにもかかわらず予期しうるものとなりえた。」（同、三六六頁）

先にみたように、刑法は事実上の多様な、ありうる〈殺人〉に耐えうる。つまり、殺人の存在事実性は、刑法の存在意味を無に帰せしめることはない。だが、いかなる殺人にいかなる刑罰が科せられうるか、その合法性の正当化の問題となると、あの第三者の抗事実的予期を中心にした、まさにありそうもない予期構造の存在が前提となる。しかもそれは、その存続に関しても、ありそうもないという可能性を残すが故に、危険なのである。

また、現在の予期構造の確実性・固定性がそのまま未来においても妥当しうるか、という点にも問題はあろう。ルーマンは、〈現在〉という時間性格をこう捉えている。「現在とは、その機能からいえば、複雑性を体験可能な程度にまで縮減すること、他のもろもろの可能性を不可避的かつ不断に消去することである」と（同、三七五頁）。問題の焦点は、現在における可能な体験連関から排除（無連関性の位置への追放）された諸可能性が、どれくらい未来の〈予期構造〉に影響を与えるか、である。もともと、予期は、現在における具体的な出来事の抽象化・一般化・無関連化の上に成り立っている。そして、これらは、未来に生じる出来事にまで、及んでいる。つまり、予期は〈未来地平〉への乗りだしをすでに遂行している。だが、この未来への乗りだしが、未来の固定化にならないかどうか、そこに予期自身の問題がある。それはまた、現在の縮減がそのまま継続可能か、の問題でもある。

5　制度と縮減

さて、以上、ウェーバー〈法社会学〉との共通点を顧慮しつつ、N・ルーマンの〈予期構造〉論に焦点を合わせてきた。〈予期〉論は、現象学の場へ移せば、間主観性、志向性、時間性、などの問題圏と結合するし、社会学の場へ移せばコミュニケーション論と接合する。これらの点はしかし、A・シュッツやT・パーソンズの思索との関連において後に検討することとして、ここではなおN・ルーマンの〈社会システム〉論に言及しておかねばならない。ルーマンはその『法社会学』では〈法〉に重点を置いていたが、その社会学的啓蒙を扱った著作では、〈社会システム〉が中心テーマとなっており、法システムはその一部をなすものである。このテーマは、〈法の現象学〉にとっても不可欠である。

1　さて、法についてのルーマンの見解を再度概観する意味において、次に一挙に引用を重ねておこう。

a　まず〈人間存在〉に関連して。

(1)「人間は意味的に構成された世界に生きているのであり、人間にとってのその意義は、人間の生理機構によって一義的に規定されるのではない。それゆえ世界は、人間に体験と行為のきわめて多数の可能性を示すのであり、それに対して、現実に意識的に知覚し、情報を処理し、行為する能力はきわめて限られている。」（前掲『法社会学』三七頁）

これは、A・ゲーレン、K・ローレンツ、メルロ＝ポンティらの〈知覚論〉と関連が深い。

(2)「体験自体においては、他のもろもろの可能性の複雑性と不確定性とは、構造的に確定されて、『世界』として現われる。そして、比較的違背に耐えやすい選択を生むものとして実証された諸形式は、同一性を、保ちうる意味として――具体的には、物、人、出来事、シンボル、単語、概念、規範等として――現われる。それらは予期のしっかりした足場となる。しかしながら、複雑かつ不確定でありながら、しかも予期可能的に構造化されたこのような世界のなかには、他の意味と並んで他の人間が存在する。」（同、三八頁）――ここでは特に、E・カッシーラーの〈シンボル論〉との関連性を指摘しておこう。

(3)「物や出来事や可視的行為や不可視的なもののシンボルから成るこの世界に、他人の体験の意図的な連関が示され、同時に、自己の体験の他の可能性も示される。世界は、体験の他の可能性への選択的な通路を秩序づけるものであり、その限りで意味をもっている。それゆえ、意味は、多様な体験可能性を、間主観的に流通可能なしかたで綜合する役目を果たすものである。そのような意味綜合は、挙示された可能性のすべてを同時に現実化する労力を省きながら、しかもそれらすべてを選択のために呈示する。」（同、九三頁）――とりわけE・フッサールやサルトルにみられる〈他者経験論〉がこれに関連する。

(4)「他者の行動は、既定の事実として予期することはできず、その選択性において、すなわち他者のもろもろの可能性からの選択として、予期できなければならない。ところで、この選択性は他者の予期構造によって操縦される。したがって、人は、破綻のない確かな問題解決を見出すためには他者の行動のみではなく、他者の予期をも予期できなければならない。社会的相互行為の連関を操縦していくためには、各人が、他者が自己について予期していることを知るのみでなく、それをあらかじめ予期できなければならない。」（同、三九頁）——ここでは、人間関係に破綻が生じることに即して、R・D・レインやA・クラウスの〈対人行動論〉との関連が重要となる。

b　ついで〈法〉に関連して。

(1)「体験と行為のもろもろの可能性の複雑性と不確定は、個々人の世界地平に現われ、行為し・体験する人々にとっての他の世界の存在によって脅威であると同時に機会に富んだものへと高められるが、この不確定性と複雑性は、問題解決の構造としての法を要求し、また法のなかに自己を再発見する。それは法によって問題として受け入れられ、いわば構造のなかに取り入れられる。なぜなら、その問題は、そのようにした方が、よりよく——高度の複雑性と不確定性という条件の下でもなお——解決されうるからである。」（同、三八一頁）

(2)「予期とは意識生活の未来の地平、未来の先取り、現実に起こりうる予期せぬ出来事までもとらえておくこと、といった意味を含む。規範性は、測り知れない未来の出来事に対するこの無連関性を強化し、この無連関性を意図的にめざし、もって未来を確定しようとする。未来に生ずるであろうことは、法の中心的な関心事となる。現在を有意味に生きうるためにはどれだけ多くの未来を要するかということは、今や一つの重要な進化的変数なのであり変化する社会的要求はそれを通じて法へと導き入れられるのである。」（同、三七二頁以下）

前進のための補足は以上でよいだろう。引用を二種に分類したのは、特に〈人間存在〉に関連する部分において、ルーマンの関心が現象学的人間論にも及んでいることを示すためであった。ルーマンの人間論的関心事の領域にみられる諸概念は、また、その〈システム論〉をも支えているという点において、両者はまさに構造的な連関を形成している。もし、〈法の世界〉がもつこの両側面を一般的に極端な形で分離してしまえば、文献的には、例えばP・デューウェルの『法意識と実存的決断』（阿南・野口訳、理想社）と、E・エールリッヒの『法社会学の基礎理論』（河上／M・フーブリヒト訳、みすず書房）との方向に分岐してしまうであろう。〈法〉は様々な領域で、多様に〈現象〉する。が、当面は、ルーマンの関心事がここでの対象である。

2　さて、部分システムと全体システムとの関係は、ゲシュタルト理論でいう〈図―地〉の関係に相当する。ただし〈図〉は〈地〉のはらむ問題の解決として機能している、というのがルーマンの考え方である。形式的にいえば、〈図〉の側に属するのは、無連関性（Indifferenz）、非蓋然性（ありそうもないことUnwahrscheinlichkeit）、縮減（Reduktion）、機能（Funktion）、反射性（Reflexivität）などの概念であり、他方、〈地〉の側に属するのが、不確定性（Kontingenz）、複雑性（Komplexität）、分化（Differenzierung）、周界（Umwelt）などの概念であり、そして両者をつなぐのが、進化（Evolution）の概念であるとみてよいだろう。そして、問題の焦点は結局のところ、〈図―地〉のシンボル的構図が示している現代社会の〈現実〉とは何か、である。あるいは〈現実〉というシンボルは、システム相互の機能的共働による問題解決と未解決の状態を、どの程度の射程において捉えた表現であるとみてよいか、である。

ところで、〈図〉自体も、E・フッサールのいう〈内部地平〉をもち、したがって、そこに新たな〈図―地〉の関係を生じさせることもあれば、また、この〈図―地〉の関係そのものがさらに〈図〉と化すことも可能である。つまり、部分システムとの関係は、〈世界‐内‐関係〉である。部分システムは自己準拠（Selbstreferenz）を基本としているために自己閉鎖的であるが、それはまた、その他の諸システムの統一体としての〈地〉との関係へと自己開放的にも存在している。したがって〈図―地〉あるいは〈システム―周界〉の関係は、静的ではなく動的である。また両者の関係は〈複合―複雑〉のそれでもある。例えば、法システムは、おのれ自身のうちに複合性を高めることによって〈地〉たる社会的複雑性の〈縮減〉に寄与するものである。

だが、ここでいう〈地〉は、〈世界‐内‐地〉ともいうべきものであって、世界そのものではない。〈地〉の複雑性は、世界そのものの〈存在〉の複雑性ではない。したがって、世界を〈縮減〉することも不可能である。〈地〉とは、可能性＝意味性の複雑な連関場（地平）である。したがって、縮減は、特定の意味方向（法でいえば、行動予期の安定化という意味方向）から、この意味の場に、意味を介して〈存在―無連関的〉に、特定の可能な意味連関の構図を選択的にえがくことである。そして、その成果が〈図〉である。

むろん、縮減は〈問題処理〉に関わる。この点で重要なことは、問題に〈問題性〉を付与すること、したがって複雑性に〈構造〉を付与すること、そしてさらに、その問題性を一般化（伝達可能化）することである。ルーマンはいう。

「社会次元では、世界複雑性は結局意見齟齬問題に縮減される。他の人が体験すること、体験したこと、体験しうることがすべてシステムにとって問題となるのではなく、システムが選択した見解と異なるものだけが問題となるのである。こうして社会次元の複雑性は、可能な意見齟齬という視点で構造化される。」（土方昭監訳『法と社会システム』新泉社、一四〇頁）

これは、法システムが問題処理にあたってとる選択的視点の予期の予期の問題である。問題発生、問題設定（問題変位）、問題処理手続、そして問題解決のプロセスそのものが構造的にシステム化されることによって、問題は処理の方向へ向かう。それ故、何が問題であるかの特定化と、その問題処理のプロセス（時間的および手続的経過）の制度化とは、縮減の両面をなす。制度の脱時間的な自己同一性は、未来における複雑性の縮減可能性の保障という意味をもっているからである。制度は、縮減にとっては〈負担免除〉の機能をはたすことになる。

3　ところで、〈縮減 Reduktion〉の概念は、高度に機能分化した現代社会の〈複雑性〉に対応して、多様な現象形態をとる。ルーマンのいう〈縮減の形式〉は、シンボル形成、二項的図式主義、ヒエラルヒー原理、総量一定の原理、を意味するが、これらの形式が〈権力〉の領域でいかに作用するか、がルーマンの権力論（長岡克行訳『権力』勁草書房）の中心的関心事であった。しかし、権力保持者と権力服従者との関係は、結局のところ、行動予期の可能性の問題へと一般化することができる。

総理大臣と各閣僚とのヒエラルヒー的関係においては前者の権力が大きいことは自明である（権力測定の負担免除）。また、権力の総量の一定という前提に立てば、一者の権力量の低下は他者のそれの増化を意味し、したがって両者の〈力関係〉の変化は見透しやすいものとなる。いずれの場合においても関係者の〈予期の予期〉に関わる問題を含んでいる。他方、シンボル（記号作用をもつ言語や制服）を介することによって予期の予期が容易かつ安定化するのはいうまでもない。言語のもつ意味同定性によって、そのときどきの特殊なコミュニケーション状況に、一般性の次元が形成され、それを通して対話は負担を免除される。

真か偽かの二分割的判断様式に典型的に示される〈二項的図式主義〉もまた、予期の予期に関わる。ここでは、それを〈権力コード〉と関連づけてみよう。コードとは「自己の関連領域内にある任意のどの項目に対しても或る補完的な別の項目を探してきて、それを付属させることのできる構造」（前掲『権力』五〇頁）のことである。そして「権力は、伝達しようとされている行為選択のそれぞれに一対一の対応で回避選択肢を付属させ、そうすることで考慮に入れられる諸可能性を二重化するというかぎりで、コードである。」（同、五一頁）例えば、権力保持者の〈欲すること〉は、権力服従者の側に〈欲しないこと〉を生まれさせる。前者の〈欲すること〉は、それ自身のうちに潜在的に〈欲しないこと〉を含んでいる。これらは後者にとっての予期の対象となろう。この二重性がより定式化されたのが〈正義・法—不正・不法〉の二項的図式性である。むろん、これは、権力保持者の側に正義が属し、権力服従者の側に不正が属する、といったことを意味しない。それは、敵・味方の二項的図式が、善・悪のそれとは合致しないのと同様である。ここで指摘すべきは、権力コードが〈縮減〉機能をもつという点だけである。その特色は、「権力のコードは、複合性〔Komplexität〕を――たんに体験を通じてばかりでなく――行為を通じて縮減するパートナーを、コミュニケーション関係の両方の側に前提している」（同、二九頁）という点である。これはまた、両方のパートナーが、互いに（一方的にではなく）、その現実化を避けたい選択肢（回避選択肢）が何であるかに気づいていることを前提としている。この点に〈予期の予期〉が関わることになる。

ここでは、ルーマンの次の表現に接しておくだけでよいだろう。

「シンボルによる一般化は、縮減された複合性の伝達行程の一部を明示的なコミュニケーションの水準から相補的な期待化の水準に移すことを可能にし、そうすることによって、時間のかかる・ぎこちない・言語を用いた荒削りなコミュニケーション過程の負担を軽減することができる。この場合には、権力服従者の予測は、二層的に進むことになる。すなわち、彼の予測は、権力保持者の願望に従わない場合の権力保持者の反応、したがって、権力保持者の回避選択肢に関連するだけではなくて、権力保持者の願望それ自体にも関連する。だから権力保持者は、命令する必要すらなく、彼が命令していない命令にも服従者はすぐ従うのである。」（同、五四〜五五頁）

ここにいう〈反応〉一つについても〈予期の予期〉の構造が成立する。〈命令―服従〉関係はむろん、縮減の一形態である。

6　パーソンズの予期論

さて、N・ルーマンの法社会学、社会システム論の両者を一貫する主要概念は一種の〈縮減〉としての〈予期 Erwartung〉であった。予期を成立させるのは、形式的にいえば、人間存在の〈対他的対自性〉と〈対自的対他性〉との複合的構造である。それ故、ルーマンはE・フッサールの後期現象学にみられる〈他者論〉や〈相互主観性論〉への接近を試みている。同時にまた、〈生活世界 Lebenswelt〉の概念への注目によって、現象学的社会学との親近性を高めてもいる。だが、これらの点はA・シュッツの示した成果とくらべると、十分なものではない。それ故、シュッツ社会学への言及は不可避である。とはいえ、文脈上、予期の社会学ともいうべきT・パーソンズの予期論に一瞥を投じておく必要がある。ルーマンとくらべてのパーソンズの特徴は、S・フロイトの思想圏を通過している点にあるといってよい。

ところで、ルーマンについては、有名な〈ハーバーマス―ルーマン論争〉に関連して、再度言及する機会をもたねばならない。ルーマン批判はそのとき行なうのが最も適切であろう。ここでは多少、ルーマンの所説を振り返っておくだけでよいだろう。

第一、ルーマンの関心事は〈社会秩序〉はいかにして可能か、という点であった。そして、法秩序は、法を用いることによって、ありそうもないことを〈ありうること〉（予期可能性）に転換した秩序であった。〈契約遵守〉はその一例である。これについては、かつてカントが〈なぜに私は約束を守るべきか〉の問いを立て、この定言命法の証明を行なうことは〈絶対に不可能〉であり、それは純粋理性の一つの〈要請〉であると述べている（加藤・三島訳「人倫の形而上学〈法論〉」第二節一九『カント』中央公論社）。〈予期〉もまた、一種の要請的現象である。

第二、個々の社会システムの存立維持は、周界の複雑性 Komplexität に依拠している、との前提がシステム理論の核をなすものであった。システムは、実定法システムがそうであったように、自己反射的（自己反省的）におのれの必要成分をみずから創出するという意味においては〈自己準拠的システム〉であるが、しかしそれは〈周界・環境〉との関係に依拠しているものである。「システム理論の前提となっている考え方によれば――とルーマンはいう――、様々な複合的なシステムがそれぞれ特定の秩序を創出し、またそれを維持しうるのは、それぞれのシステムの環境が当のシステムよりもより高次の複合性〔Komplexität〕を有しているからにほかならない。そうしてみると、システムの環境の有している複合性が圧力となってシステム自体の複合性が高まることが、複合的なシステムの成立にとっての先要条件であり、さらにまた、そうしたシステムが作動するための先要条件なのである。」（佐藤勉訳『社会システム理論の視座』木鐸社、二一〇頁）

第三、予期・期待と〈行為〉との結合が、社会システムの中心に据えられていた。ルーマンはいう、「社会システムは期待〔予期〕によってコントロールされた行為から成り立っているのであり、人々から成り立っているのではない。人々は社会システムにとって周界なのである」と（前掲『法と社会システム』四九頁）。それ故、次にみるべきは周界としての〈人間〉のあり方となるだろう。

第四、システム理論の秩序観の基礎において現象学（とくにA・シュッツのそれ）と接点をもつ、ということを指摘しておかねばならない。〈生活世界〉についてルーマンはいう。

「生活世界は、前意識的であって、非顕在的な可能性の一地平という地位にとどまりつづける。したがって秩序化の働きの増大は、社会的な交通の定式化された意味前提と定式化されていない意味前提の増大、問題化される意味前提と問題化されない意味前提の増大、としてのみ可能であるにすぎない。」（前掲『権力』一〇七頁）

7　役割論と自由論

――さて、N・ルーマンの〈予期構造〉との関連上、注目すべきはT・パーソンズの〈役割・期待 Role-expectaions〉の構造である。むろん、何ごとかを期待されることの期待といった点では、そこに〈予期 Expectancy〉が関与することはいうまでもない。予期はもともと〈期待〉の概念の中に含まれているからである。

ここで重要なのはむしろ〈役割〉の方である。そして、役割論の最も重要な点は、それが人間存在における存在秩序に関わるという点であり、それ故にまた〈法〉に関わるという点である。まず、役割論の基本的構図をおさえておこう。

「大多数の分析の目的からみて社会構造のもっとも重要な単位は人間ではなく役割である。役割とは、行為者の志向のなかで、相互作用の過程への彼の参加を構成し、また規定するような、組織化された部分である。それは、行為者自身の行為と、彼が相互作用する他の人々の行為に関する一組の相補的期待をふくんでいる。行為者も、また彼が相互作用する人々もこのような期待をもっている。役割が制度化されるのはつぎの場合である。つまり役割が優勢な文化型と十分に一致し、また、そのなかで役割が機能する集合体の成員によって分ちもたれている、道徳的に裁定された価値志向の型に対する同調の期待をめぐって役割が組織された場合である。」（T・パーソンズ、E・A・シルス編著、永井道雄他訳『行為の総合理論をめざして』日本評論社、三七頁）

ここにすでに、少なからぬ問題点がひそんでいる。役割論を複雑にさせるのは、役割遂行に関する〈失敗・成功〉と〈失望・満足〉とが必ずしも一致しないだけでなく、当事者の関係が私的であるか公的であるかによっても、その遂行形態が異なる上に、そこにさらに第三者の〈役割期待〉がからんでくるといったことがあるからである。また役割遂行と任務遂行との比較において〈役割〉を特色づける観点も要求されるであろう。さらにいえば、そもそも〈役割期待〉が生じうるためには、相互承認が必要であるが、この次元において役割論は自由論へと通底することになろう。それ故、ここでは若干の観点から〈役割期待〉に接するだけにとどめざるをえない。

1　相手の側から、相手自身のために、私の側に期待される〈役割〉、私が私のために、私の側から設定する〈役割〉、相手が私のためだといって私に設定する私の〈役割〉、私が相手のためだといって私に設定する〈役割〉、相手からどのような〈作用〉を引きだすかを私の関心事として、私のために設定する私の〈役制〉、相手が私から引きだしたいと思われる〈作用〉を相手に提供するためにとるべき私の〈役割〉、等々、〈役割〉と〈期待〉との相互関係は、Interaction と Interdependence との両面性に関わるものとして、実に複雑な様相を示す。それ故、錯覚や期待はずれがつきものとなる。

〈役割期待〉については、少なくとも〈私のため、相手のため〉の観点、〈要求する、される〉の観点、〈要求されることを要求する〉や〈要求することを要求される〉の観点、あるいは〈期待〉が強制的か暗黙的かの観点、また、いかなる理由から・だれのために・何をめざしているかの観点や、当事者たちのパーソナリティーの個性（関心方向や要求性向 need-disposition）の観点や〈状況〉のそれ等を、そのつど、どれに比重を置いて把握すべきか、が重要な事柄となるだろう。したがって、パーソンズ流の考え方、つまり、役割期待に〈同調的 conformative〉になることによって、相手の好意的態度を引きだす、ということには多くの困難が伴うことになる。

〈同調的〉であることには原則的に〈役割葛藤 role-conflicts〉がつきものである。同調の対象（役割）は何か、それは個人的なものか社会的なものか、あるいは、いずれの役割遂行を選択すべきか　役割遂行の仕方の程度（過度にか過小にか）はどうか、肯定できる役割であるか否か、その遂行は義務か否か、積極的にすべきかどうか、その結果は成功か否か、それはいかなるサンクションを伴うか、といった問題は不可避である。

〈同調―離反 conformity-alienation〉を軸とした役割葛藤は、したがってまた、自己防衛と社会防衛とのコンフリクトという様相を呈することになる。その焦点は〈同一性〉の概念である。役割同調化が、役割-内-自己拘束の状態から、さらに役割-内-自己同一性-喪失のそれに至らないかどうかが、その問題点である。

2　〈同調―離反〉の関係は、それ自体、流動的である。T・パーソンズの『社会体系論』（佐藤勉訳、青木書店）

では、離反からの離反をうながす（つまり離反の危険性の吸収という意味での再同調化）社会統制（social control）のメカニズムが、その中心テーマである（むろん、社会は実体的なものではない）。「社会統制のメカニズムとは——とパーソンズはいう——、行為者自身あるいは一人またはそれ以上の他我が、役割期待の実現から逸脱する傾向にたいして逆らうのに資する一人またはそれ以上の個人行為者の動機づけ過程にほかならない。それは再均衡化のメカニズムなのである。」（同、二一〇頁）

　サンクション（賞罰）が〈動機づけ〉の作用をはたすことはいうまでもないが、しかし、〈予期の予期〉に似た〈動機づけの動機づけ〉をも論点とする必要がある以上、ことは簡単ではない。AをすればBを与える、と親が子にいった場合、B（サンクション）を得ること（目的）が外面的には〈動機〉を形成しているようにみえるが、しかし内的には、Aをすることを義務とみなすこと（理由）や　また親の期待（これも親優先か子優先かによって異なる）に応じること、あるいは、Aをすること自体に興味や利益があることや、他にすることがないこと等々、動機をなすものは様々であろう。また、動機づけそのものの内に、コンフリクト処理としての〈防衛メカニズム〉が働いていることからも、それは当然のことである。

　防衛メカニズムの基本は、志向対象の〈代償 Substitution〉にある。〈昇華 Sublimation〉もその一例である。が、重要なのは、周知のように〈合理化 Rationalization〉〈隔離 Isolation〉〈置換え Displacement〉〈固着 Fixation〉〈抑圧 Repression〉〈反動形成 Reaction formation〉〈投射 Projection〉等である。そして、これらが役割期待の解釈、役割選択、役割動機のいずれの点においても作用するが故に、〈役割同調化〉は否定的な面（例えば強迫的同調 compulsive conformity）をかかえこむことになる。〈役割同調化〉へと動機づけられること（目的）への動機づけ（理由）のレヴェルで、すでに社会統制が働いていることが、かくして指摘できることになる。

3　〈同調─離反〉の問題は、こうして〈疎外論〉の領域へと移すことができる。疎外（alienation, Entfremdung）の古典的理解は、やはりヘーゲルにおいて顕著である。古典的とは、疎外を〈自由〉と関連づけることを意味する。ここで、少しばかりヘーゲルの『法の哲学』中の表現に接しておくことにしよう。

「およそ現存在が、自由な意志の現存在であるということ、これが法ないし権利である。」（藤野・赤澤訳、中央公論社、二九節）「法ないし権利はなにか総じて神聖なものであるが、その理由はもっぱらただ法ないし権利が、絶対的な概念の現存在、自己意識的な自由の現存在であるからである。」（同、三〇節）──ここでいう〈法 Recht〉は、権利や正義の意味をもつものであるが、しかしそれは法学上のそれに限定されない。ヘーゲルの法論を自由論の視角から検討しうる理由がそこにある。〈自由〉の重要性は次の点にもみられる。

「市民社会や国家において理性によって必然的に存在するものは、同時に恣意によって媒介されて生じなければならないということ、このことの承認と権利こそ、とりわけ社会通念において自由と呼ばれているところのもののいっそう進んだ規定なのである。」（同、二〇六節）

ヘーゲルのいう〈現実性 Wirklichkeit〉は、非感情な〈自由〉によって支えられ、かつそれによって、その〈はたらき Wirken〉を得る、という点において〈理性的 vernünftig〉なのである。したがって『法の哲学』の緒論中の「理性的なものは現実的であり、現実的なものは理性的である」（Was vernünftich ist, das ist Wirklich, und was wirklich ist, das ist vernünftig.）は、法の本質に関わるものとして、きわめて重要な意味をもつ。

ところで、以上は〈法と自由〉の関係を示したものであるが、次の記述は〈疎外と自由〉のそれに関わるものである。ヘーゲルはいう。

「人間は、彼自身における直接的現存在からいえば、一つの自然的なものであり、彼の概念にとって外的なものである。人間は、彼自身の肉体と精神をつくりあげることによって、すなわち本質的には、彼の自己意識が自分を自由なものと捉えることによってはじめて、自分を占有取得し、彼自身の所有となり、他の人たちにたいして自分のものとなる。」（同、五七節）

これは、いうまでもなく、人間が自由の個別性として人格であるにもかかわらず、〈物件〉の形式をとりうることを含んだ表現である。そして、この点があの有名な記述とつながることになる。

「私の特別な、肉体上および精神上のもろもろの熟練と、活動のもろもろの可能性とについて、私は個々の諸産物と、時間上制限された使用とを他人に譲渡することができる。なぜなら、この制限にしたがって、それらは、私の総体性と普遍性にたいする一つの外面的な関係を与えられるからである。／そうではなくてもしも私が、労働を通じて具体的な私の全時間と私の生産物の総体を外に譲渡するとしたら、私はそれらのものの実体的なもの、私の普遍的な活動と現実性、私の人格性を、他人の所有たらしめることになろう。」（同、六七節）

ヘーゲルへの関説は脇道的なそれでしかない以上、詳述は無用であるが、多少の付言は必要であろう（〈初期マルクス〉でいう労働の疎外への関説は文脈上、回避せざるをえない）。私個人の単なる個人性ともいうべき〈主体の主体性〉を、私の対象として、他者との区別（否定性）において自己所有するとき、私の主体性は人格性としてあること、この私の人格的な対自存在性が常に、他者による他者にとっての対象化の対象となること、それによって私の対自的な自己所有は他者の支配下に置かれること、つまりその〈所有 Eigentum〉は、〈他者‐内‐自己‐外‐所有〉ともいうべきものに変質して、所有のゆえんたる〈私のもの〉という性格を失ってしまうこと、要するに、私の自己所有の確証そのものが、他人の所有となって私に属さなくなること、そして私の対自性はますます対他性を強めること――指摘は、当面、以上でよいだろう。

8　他者の類型化と自己

さて、役割論における〈同調―離反〉の問題性に議論を戻そう。役割同調が〈自己疎外〉の形態をとりうることに関して重要なのは、あのＭ・ハイデガーの〈開離 Entfernung〉の概念である。これは〈あいだ das Zwischen〉の我有化つまりは〈所有 Eigentum〉の仕方、対象との距離のとり方に関わる概念である。対象にあまりにも近づきすぎると、対象にのみこまれて自己喪失に陥り、逆に、あまりにも遠ざかりすぎると、対象喪失の結果をもたらす、という意味において、遠ざかりの中での近づきが対象我有化には不可避的である。〈距離〉を距離化することによって〈距離‐内‐拘束性〉から解放されること、それが〈開離〉の概念の最も重要な要素である。これは、逆にいえば、自分が自分自身からいかに距離をとりうるか、の問題ともなりうる。

役割期待の相互性においては、距離化の質が問題となるのはいうまでもない。例えば、〈教師役割―学生役割〉の相互対応的相互性には、この教師とこの学生、教師一般と学生一般、この教師と学生一般また親的教師と子的学生（Ａ・クラウスのいう転移性役割 Übertragungsrollen）といった、様々な距離化のあり方が可能である。〈教師的と学生的〉の開離性に〈親的と子的〉の異質のそれが重なることもあれば、学生一般でありたいために、相手に教師一般の役割を期待することもある。

役割論の複雑さは、非明視的な人間関係のあらゆる次元に、それが関わることに起因している。そこには自己完結性は原理的に成立しえない。それゆえ、観点の選択は不可避となる。

1　役割に関わる概念で、重要でありつつ不明なのが〈自己〉である。とりわけ〈自己同一性〉の概念である。

これは、私が私自身に関わる関係を対象化するときに想定的に定立されるものとして、決して実体的な自己完結的実在性を意味するものではない、とまではいいえても、その積極的な概念規定は不可能に近い。
とはいえ、それの想定には、一定のシンボル的意義が存している。それは、当の概念が、その後の議論の〈出発地〉として機能する、という点である。この自己同一性は、みられる自分とみる自分との差異性の無化的同一性を含意するが、このことがまさしく自己分裂の契機を自己反射的に生みだす、という点が重要なのである。

さて、自己同一性は、私にとっては内面性の出来事であるが、その内面性は他者にとっては外面性の次元でしか問題化しえない以上、私は外面性における自己同一性という新たな問題次元をかかえこむことになる。役割同調化が単なる行動の問題ではなく行為の問題として浮かび上がるのは、そこに内面性と外面性とのコンフリクト（葛藤）が存するからである。それ故、役割遂行には、常に内面性の外面化という契機がひそむことになる。

ところで、《法と人間存在》という主題にとって〈役割〉が問題になるのは、すでに強調したように、それが人間存在にとってのシンボル的〈自己秩序化〉の意味をもつからである。〈同一性 Identität〉とは、一つの秩序態である。〈〜であること〉（存在同一性）から、それが、さらに〈役割において〜であること〉（役割同一性）へと進むとき、そこには自己外面化における自己秩序化という二重の志向性が働いている、といえよう。

2　A・クラウスがその『躁うつ病と対人行動』（岡本進訳、みすず書房）において示したのは、躁うつ病者における〈存在同一化〉と〈役割同一化〉の過剰性の問題であったが、これは自己外面化的自己秩序化の過剰性のそれ、といいかえることができる。それはまた、役割期待への非開離的過剰反応の問題でもある。役割遂行への自己匿名化的同一化と役割同一化からの自己開離化の低化ないし不能、これが過剰性の意味するところである。この場合、他者もまた役割同一的存在として〈匿名化 Anonymisierung〉を蒙ることによって、両者の関係は、ヘーゲル的な

ておこう。

役割関係における〈開離〉は、この抽象化からの解放を意味する。ここで、A・クラウスの興味深い記述に接しておこう。

「躁うつ病者特有の欲求構造から生れる極端な依存関係は、他者の人格を、自分の欲求の満足に結びついた他者の役割機能の背後に消滅させる。つまり躁うつ病者では過度の《真正直さ》ないし両義性許容不能の意味での自己類型化に応じて、他者の類型化がみられ、そのために出会いにおいて他者が自立した人格として認知されない。出会いが自己類型化と他者類型化の段階に止まってしまうことは躁うつ病者の《ナルチスム的な対象関係》の本質的な構造契機であると思われる。」（前掲『躁うつ病と対人行動』一四二頁）

とうぜん、ここでいう類型化は、人間関係の類型化、そこでの行動や対応の仕方のそれにも及ぶであろう。

3　この類型化に関連する点について、もう少しクラウスの指摘にふれておこう。

a　まず注目をひくのは〈パトス的カテゴリー〉に関する事柄である。できる（可能 Können）、してよい（許可 Dürfen）、したい（意志 Wollen）、べきである（当為 Sollen）、ねばならない（義務 Müssen）などがパトス的カテゴリーである。クラウスはいう。

「うつ病者が被投性において、何もできず（kann nichts）を、してもならず（darf nichts）、ただもうせねばならぬ（muss）、すべきである（soll）という形で現存在を開示するのに対し、躁病者はすべてができ（kann）、すべてが許され（darf）るのに何をする義務も必要もない（muss und soll nichts）。その場合注目すべき点は、患者が何かができ許されるのか、それともせねばならずすべきであるのかということが、明らかにすでに事実的な状況以前に決定されているように見えるということである。」（同、一六五頁）

状況認知以前的なパトス的次元において行動様式の選択がすでになされているということは、個々の行動の特殊状況性が背景にしりぞいている、ということを意味する。行為が義務に同一化されること、これは行為の類型化を示している。

b　躁うつ病者が役割期待に過剰に同一化するのは、他者の何らかの理想化と自己の無価値性との関連において、他者による自己の評価に依存するからであるが、それゆえに、かれの役割遂行は類型的なまじめさにおいて行なわれることになる。そして、それだけ役割期待者への依存度を深めることになると同時に、自己評価もまた類型的なものとなる。それはまた、役割遂行が類型的な規則順応主義的任務（Task）遂行へと比重を移すこととも並行的である。クラウスはいう。

「ある種の役割規範をこのように厳密に果たすことは事情によっては役割の意味構造を損ねることにもなるということで（規則べったりの職務を考えよ）、躁うつ病者のこのような《強迫性》を過規範的な（hypernomisch）役割行動と呼ぶことができる。この場合躁うつ病者の過規範性（Hypernomie）が心理学的な無規範性（Anomie）の対極として理解される点に目を向けたい。」（同、一三八頁）

このような〈役割演技における儀式主義〉（クラウス）においては義務遂行が優先し、役割操作の主体化は放棄され、逆に任務遂行それ自体が主体性を得ることになる。任務遂行の過度の〈秩序化〉が、当人を客体性の地位に転落させるわけである。この場合、役割意義は任務の背後にしりぞき、任務遂行の何らかの失敗がかれにとっての危機となる。

c　最後に〈転移性役割〉と〈社会的役割〉との関係に注目したい。上司—部下の労働関係が親—子の肉親関係に転移される場合、前者は一時的であり、公然なものであり、その関係内容はかなり明瞭であるのに比して、後者は永続的、非公然、不明瞭などの性格をおびる。この矛盾は役割内葛藤というよりも役割間葛藤である。一般に、役割同一性において自己同一性を確保しようとするのが躁うつ病者の特徴である。転移性役割への同一化は、さらに〈抑圧〉の対象となる、という意味において特徴的である。クラウスはいう。

「転移性役割と社会的役割の葛藤がかくも深刻なものになる一番の理由は、転移性の期待が正当なものとは認められず、従ってたいてい抑圧されるところにある。転移性の期待があまりに大きいため、躁うつ病者は期待が実現されないことに落胆する非常な危険にさらされている。」（同、二七九頁）

〈上司―部下〉の社会関係においては、役割の期待、遂行、規範のいずれにおいても類型化の度が高く、そこに縮減が働いていることはいうまでもない。

4　さて、以上のクラウスの躁うつ病論の真の問題は、結局、人間存在の〈自由〉のそれである。役割論は単に立場論に還元されうるものではない。役割への自由が、役割からの自由に支えられていることの重要性を、役割論のなかに位置づけること、それがクラウスのねらいであった。

T・パーソンズの提起した〈同調―離反〉は、主として一定の価値類型を基準とするものであった。それ故、価値論への言及も不可避となろう。その場合、問題なのは秩序意識と価値意識との関係のあり方である。既述のように、社会秩序はいかにして可能かがN・ルーマンの重大関心事であった。この問いを、法秩序はいかにして可能か、に限定するとしても秩序意識の問題が〈自由〉との関連性において、クローズアップされてこよう。上述の〈予期構造〉や役割期待の相補性の構造は意識における出来事であった。〈法の現象学〉にとっては、法意識における法の現実態は、法の客観態におとらず重要性をもつ。

9　秩序を生みだす法

――さて、以上、N・ルーマンへの言及を中心に据えたのは、〈法 Recht〉についての通常の観念を払拭するためでもあった。紛争解決の道具としての、また、国家体制における〈支配―服従〉関係の確立のための、道具としての法、あるいはまた、〈権利―義務〉関係の創発装置としての法、といった受けとめ方は、いまなお有力である。こうした法の道具性の観点に対して、ルーマンは別の観点を示している。それは「法がなければ決して起こり得ない秩序を、法を用いることによって産み出すことができる。ありそうもないことを起こりそうなことに、よりたしかなことに、予測しうることに変える」（土方昭監修訳『システム理論のパラダイム転換』御茶の水書房、六三頁）という、法の捉え方のうちに示されている。法が道具性をもつのは、それがこうした機能性をもつからである。

正しさ（Recht）、この起こりそうもないこと（Unwahrscheinlichkeit）を起こりうることとして産みだすこと、そこに〈法 Recht〉の存在意義がある（存在価値や存在理由との関係は不問とした上で）。だが、このことは、〈法―存在〉がもともと自己欺瞞的（unwahrhaftig）であることを意味する。あるいは、自己欺瞞性を存立成素とすることを意味する。H・ケルゼンが〈Sein 存在〉と〈Sollen 当為〉との乖離（Disparität）を力説し、法の世界の人為性を強調したのも、そのことに気づいていたからだといってよい。

正しさ（Recht 法）の自己欺瞞性は、おのれ自身の中に自己否定の契機を含むだけでなく、それは外部からの否定（不正化）の対象ともなる。事実、正しさは否定される。だが、正しさの強みは、おのれの否定を媒介にして、不法（Unrecht）の概念を分泌するというトリックにたけている点である。この点こそ、正義（Recht）論の、まさに正しい出発点をなすものでもある。

だが、正しさはあるべし、や、約束は守られるべし、のその当為性はどこから生じるのか、いな、人はなぜ、それに関心をよせるのか、これはカントが不可解なりとして投げ出した問題点である。これら、法の前提をなすものを、法はみずからの世界の中で、どこまで根拠づけることができるか。

「真の思想は、ことがらにかんする、ないしはことがらを越えた意見ではなくて、ことがらそのものの概念である」といったのは、ヘーゲルである（前掲『法の哲学』序文）。法という〈ことがら〉が、いわば、みずから描く自我像——自己による、自己の、自己把握態としての概念（Begriff）ともいうべきもの——に密着すること、これが〈法の現象学〉の基本姿勢でなければならないだろう。そのためには何が必要であるか、これについてもヘーゲルがすでに説いている。「自由な思惟は、与えられたもののところにたちどまりはしない。たといこの与えられたものが、国家とか人々の意見の一致とかいうような、外的な既成の権威によって支えられていようと、内的な感情と心情の権威とか、精神の直接に同意する証とかによって支えられていようともである」（同上）と。

法が現に何であるか、というその事実性——ハーバーマス流にいえば、事実とは、主張されるものである——は、法の〈事柄〉性とは別である。現象学でいう現象とは、事柄の、それ自身からのその〈あらわれ〉である。それは決して、事柄についての意見のあらわれに還元されえない。

第3章　N・ルーマンと法

1　法の実定性と妥当性

さて、ケルゼンの〈純粋法学〉を構成するいくつかの論点を振り返りつつ、新たな展開に向かうことにしよう。

1　「実定法はその規範の人間による恣意的な〈willkürlich〉制度という性質のために、――それの正しさ〈Richtigkeit〉についての明証〈Evidenz〉を欠いているために――強制規範にならざるを得ないし、またこのことと強制作用を実現するための機関の必要とが結びついて、強制秩序は特殊な強制〈組織〉〈Zwangs-"Organisation"〉になる内在的傾向が生まれる。この強制秩序は、とくにそれが強制組織であるばあいには国家である。[1]」

ここに端的に示されているように、実定法から剝離しえない〈強制 Zwang〉の概念は、実定法そのものの妥当根拠の明証性の欠如と相関的な点にその起源をもつということ、まずこの側面に留意しておきたい。ケルゼンにとって〈強制〉の概念は、現象学的にいえば、実定法の〈本質〉をなし、それがいわば、実定法の存在論的〈本性《ナトゥール》〉そのものであった。勿論、〈強制〉の概念は、論理的と心理的の区別や外面的と内面的のそれをうちに含んでいる。

カントの場合と同様、ケルゼンにおいても〈強制〉の概念は〈内面性〉には及ばないことも、ここでの留意点に属する。

2　法の体系の本質を〈予期構造〉のうちにみることもできる。ウェーバー流にいえば、行為の〈計算可能性 Berechenbarkeit〉の指針としての意義に比重が置かれるわけである。法規則志向的な狭義の〈合法的行為〉からなる秩序よりも〈目的合理的な行為〉の格率からなる規制性において現実化されている秩序の方が〈共同体〉にとって、より根底的であるとの認識が、その背景にある。N・ルーマンにとっても法は〈整合的に一般化され規範的行動予期〉の束のごときものであった。〈予期 Erwartung〉は、認知的（kognitiv）と規範的（normativ）との区別をもつが、ここでは後者が主題となる。〈強制〉についてケルゼンとルーマンとでは視角が異なるが故に、両者の見解が互いに背反的にみえてもそれは外見上のことにすぎない。ここではN・ルーマンの見解に一瞥を投じておこう。

「法は、第一義的に強制の秩序なのでは決してなく、予期を容易にするものなのである。容易にするというのは、整合的に一般化された予期の軌道が与えられていることを意味する。すなわち、それは、他の可能性に対する、高度な無害な無連関性（Indifferenz）を意味するのであって、この無連関性は、抗事実的（kontrafaktisch）な予期に伴う危険を大幅に減少させうるものである。法にとって本質的な強制状況とは、予期の選択への強制なのである。特定の行動への強制は、予期の選択が強制された結果として、重要かもしれないが数少ない場合に生ずるにすぎない。確実性の必要は法を特徴づけるものに違いないが、それは、何よりもまず自己の予期の――とくに予期の予期の――確実性なのであり、この予期が予期された行動によってみたされることの確実性は第二次的に問題となるにすぎない。全体社会システムの法によって予期の整合性が確保されてはじめて、各次元に特有の一般化のより高度な諸形態と、予期の予期という反射的レベルにおける整合性とが発展しうるのである。このような意味で、法は、社会の進化のための不可欠の基礎にほかならない。(2)」

3 規範が行動予期の一般化(Generalisierung)ひいてはルーマンのいう〈縮減 Reduktion〉に関わる点も重要である。規範の機能性を重視する観点がそこにはある。(3)「高度に複雑で不確定な世界における社会行動は、縮減作用を必要ならしめる。その縮減作用は、相互的なもろもろの行動予期を可能にするとともに、それらの予期を予期することによって操縦されるものである。〔中略〕具体的にいえば、規範化は、ある予期の違背が時折り生ずるという事実にもかかわらず、その予期に継続性を与える。また制度化は、個々人が必ずしも一致しないという事実にもかかわらず、一般的な合意の想定を可能にする。さらに同定(Identifikation)は、予期の内容的な多様性にもかかわらず、意味の単一性と連関とを保障する。要するに、一般化は、予期を他の可能性に対してシンボルにより免疫化する作用を有するのであり、その機能は、無害な無関連性を可能にすることによって、必要な縮減過程を支えるのである。」(S. 94. 同、一〇八頁)ルーマンによれば、法とは「社会システムの、規範的な行動予期の整合的一般化に依拠せる構造」(S. 105. 同、一一七頁)にほかならない。行為の不確定な諸前提を〈整合的に〉一般化することによって、複雑かつ前提の多い行為を可能ならしめる作用が、法の機能とみなされている。

4 「法の拘束性が法の価値の直接的洞観(die unmittelbare Einsicht)から生じる限りにおいてのみ——実定法が絶対的の、即ち、神又は自然の秩序の接木である場合においてのみ——強制の規定は〔=指令 Anordnung〕は実定法にとって本質的であることを要しなくなる。その妥当性は、絶対的の道徳のそれと全く同様に、その拘束性の直證〔=明証 Evidenz〕からおのずからに生じる内的強制に基づくことになる。それはあからさまな自然法的見解にほかならない。(4)」

法がその内的価値の故に、おのずから拘束力を発揮するとか、あるいはその明証的な拘束性と〈強制〉とが同義的となるといった場合には、総じて〈強制〉は内面性に関わる事柄となる。実定法においては〈強制〉の概念は、絶対性や内面性の概念とは無縁であり、むしろそれ故に存立しうるというべきである。ケルゼンにとって〈強制〉の概念は、基本的には〈当為〉や〈妥当性〉のそれとの関連性のもとにあり、そこでのみ意味をもつという点が再確認されるべきである。例えば、次の表現がその参考となる。再度引用しておこう。「伝統的見解がそう信じさせたように、不法行為は法の存在における中断を意味するのではない。まさにその正反対であり、不法行為に即して法の存在が証明される。法の存在は法の妥当性に存するからである。即ち、不法効果としての強制行為を科すべき当為に存するからである。」(『純粋法学』五一頁)

しばしば誤解される点であるが、ケルゼンのいう〈当為〉は或る個人的行動の〈あるべし〉ではないし、また法の〈妥当性〉も法の内容的価値の妥当性のことを意味しない。〈aあらば、bあるべし〉の当為性が妥当的であるのは、bの存在がaに価値的に起因するからでも、またaの論理―必然的所産たるからでもない。当為性や妥当性の概念から自然法的価値性とか純論理的必然性といった要素を抜き去らない限り、他方の〈強制〉の概念に〈心理的圧迫〉の要素を付加してしまうことになる。一般的に言えば、恣意性と強制とは同根源的であり、根拠づけのなさが当為性の裏面をなすところに〈妥当性〉の隠れた本質がある、といってよい。

5　「自然法として現れる規範においてのみ、当為は〈正義的なもの、Gerechte〉という観念と直ちに結合するのが常である絶対的なものとの意味をもつ。実定法もまた〈当為〉を意味するとしても、――これは実定法がその内在的(immanent)意味からいって規範として理解される限り避けることはできないが、――その当為は単に相対的(relativ)意味しかもち得ない。〔中略〕〈相対的〉というのは、実定法規によって規定された行動は、特定の前提の下においてのみ、〈すべきもの gesollt〉として、それ故に〈正しい richtig〉・〈正義的 gerecht〉として考えられるが、しかしその前提の〈正しさ〉・〈正義〉そのものは、何ら保証されていないことをさすのである。そして、この意味では、あらゆる内容が、それが実定法である限り〈正しい〉・〈正義的〉と考えられることになろう。つまり実定法の当為はつねに仮説的なもの（ein hypothetisches）でしかあり得ない。これは実定法を自然法から区別する妥当根拠の性質からも当然そうなる。[5]」

法の実定性（Positivität）と法の妥当性とは、まさに〈定立されて在ること〉の一点において同根源的である。法的に〈定立〉されたものはいかなる任意の内容のものでも法として妥当する。その意味での妥当性は〈当為〉に正義の記しを付与するものではない。それは単に、妥当すべきであるが故に妥当する〈当為〉たるにすぎない。逆に絶対の妥当性や絶対の当為性はすでに法の領域外の事柄に属する。

6　「法命題（Rechtssatz）は当為という意味（Sinn）において、要件という事象と法的効果という事象を結合するのである。自然法則は原因と結果を例外を許さない必然（Müssen）という仕方で結合するが、法法則（Rechtsgesetz）もまた要件と効果を同様に厳格に当為（Sollen）という仕方で結合する。[6]」「法命題はさしあたって要件としてのある事象に効果としてのある事象が法的に（von rechtswegen）結びつけられていることを述べるに過ぎない。国家がこの法的効果を〈欲する〉とは、この事象が法命題の体系の中のものとして、即ち法的性格を有する事象としてとらえられることを意味するものに他ならない。〈国家〉や〈国家意思〉の概念を〈秩序の統一体〉、〈帰報的 Zurechnungspunkt〉、〈関係点 Beziehungspunkt〉の意味に還元するということの意味はここにある。[7]」

この法命題に関する記述に特に付記すべきものはないが、要件と効果との法的結合化の意志的原理としての〈当為〉という点に留意しておきたい。

2　ケルゼンとカント認識論

ところで、法認識もまた認識形態の一種である限り、認識形式の制約下にあることはいうを俟たない。〈現実に何が生じているか〉と〈何が生ずべきか〉との差異は、存在認識と妥当認識、存在的妥当と当為的妥当、事実形式と価値形式といった他の差異と関連性をもっている。ケルゼンの認識論の基本線がカントのそれに沿っていることはすでに記述した。〈経験〉の世界の全周囲を取りかこむ永遠の秘密、世界の謎の位置に〈物自体〉を引きすえてケルゼンはいう、「〈物自体〉は超越的（transzendent）実在の表現ではなく、経験（Erfahrung）の無限な過程の限界点である」と[8]。ここにカント的認識論の基礎が存在する。そして、その基礎をケルゼンはこう表現する。

「認識というものは、対象に対する関係で単に受動的にすぎない役割を演じるものではあり得ない。認識がなんらかそれ自体に所与の事物、すなわち超越的な（transzendent）領域に存在する事物を反射する（abspiegeln）ことに限定されることは不可能である。事物の超越的な存在、すなわち認識と無関係な存在がもはや仮定できなくなると、認識はこれらの事物に対して能動的・創造的役割を演じなければならない。感覚によって認識に与えられた素材から、認識の内在的法則にしたがって対象を作り出す（erzeugen）のは、認識自体である。このような認識の法則性は、認識の結果の客観的妥当性（Geltung）を保証する。もちろんそこに認識が表示される存在判断は絶対的真理だと主張するのではない。けだし、認識は超越的領域の絶対的なものに対する関係で基礎づけられ得ないからである[9]。」

認識における〈物自体〉と〈現象〉との関係の問題性が形を変換させてケルゼンの法認識の問題性の中に流れこんでいる。ケルゼンが認識に内在的《イマネント》な〈法則性 Gesetzlichkeit〉が認識成果の客観的妥当性を保証するというとき、その念頭にあるのは、対象のカテゴリーによる構成という事態であろう。認識装置と認識対象との関係の場が〈認識〉の成立の場所である。存在認識の次元にすでに問題性がある以上、それに〈もとづけて〉当為認識を得ることはできない。両者の間の乖離・背反の意識が、ケルゼンをして〈実定法〉をイデオロギーとよばしめるのである。「事実的生起――実定法はこの生起（Geschehen）が自己に適合すべきことを（必ずしも完全に適合しないとしても）要求している――の実在性（Realität）に対する関係において、規範的秩序としての実定法を考察すれば、実定法はイデオロギーである」と。[10] そのいわんとする点は、実定法の実定性が〈意味〉の領域に属するということである。

3　命題的真理性と規範性

ケルゼンが〈法〉を〈意味 Sinn〉の領域に属すると称したとき（『純粋法学』五〇節、a）、当面その念頭にあったことは、論理的に相互排斥の関係にある二つの規範が同時に〈妥当〉すると主張することの不可という事態であった。矛盾の事態を無意味（sinnlos）とみることの対極にある意味性のレヴェルならば、それは〈存在 Sein〉や〈価値 Wert〉と次元を異にする。だが、規範の〈妥当性 Gültigkeit〉が或る意味をもつというとき、少なくとも当の〈意味〉は、単なる事実上の通用性＝有効性（Geltung）を超えた、いわば妥当根拠（Geltungsgrund）とのつながりを指示している。論理上の誤謬や矛盾も或る〈意味〉をもつが、規範の妥当性（Gültigkeit）は仮言判断における〈当為性〉の正当さ（Richtigkeit）にその意味性の核心をもつが故に、それは論理的整合性以前の〈意味〉の層に接している。[11] この問題はしかし、ケルゼンに、規範や当為に関しての Gültigkeit と Geltung との意識的な区別化が存したか否かにかかわらず、重要性をもつ。

例えば、生活世界の〈再生産〉という課題意識を背景としてもつJ・ハーバーマスの〈妥当請求〉（真理、規範的正当性、真実性〉なる問題次元の中心にあるのは、規範がいかなる意味と仕方において〈根拠づけ〉可能であるか、であった。勿論、その際陥りやすい傾向を指摘して、ハーバーマスは次のようにいう。「道徳的論議において問題になる妥当請求を命題の真理性という手近なモデルで解釈しようとする場合には、往々にして、実践的問題の真偽決定可能性（Wahrheitsfähigkeit）を、規範的言明が記述的言明と同一の意味で〈真〉か〈偽〉か決めうることとして理解しがちである」[12]が、これは誤りであると。命題的真理性と規範的正当性という二つの〈妥当請求〉は、前者が事実確認的（konstativ）な言語行為に直接的に関わり、後者がハーバーマス的にいえば諒解志向的（verständigungsorientiert）な行為に関わる、という点において、互いに異なる。

4　規範の社会的妥当性

もう少し、ハーバーマスの関心方向に沿って〈妥当〉の問題に止目しておきたい。命題の根拠づけと規範の根拠づけとの差異性がその焦点である。命題の真理性（真理妥当）を意味論的規則に合致するか否かで測ることへのアナロジーにおいて〈規範〉の正当性（当為妥当）を取り扱うことに反対するハーバーマスは、後者を本質的にコミュニケーション（脱モノローグ）の次元の問題性とみなしている。妥当な規範とは、関与者相互の〈間主観的〉な承認による普遍化、別言すれば〈普遍的役割交換〉の可能性にもとづく普遍化可能性に依拠するものであって、〈意味論的根拠づけ構案〉つまり根拠づけの〈演繹主義的〉考察方法は無根拠の迷路に陥るだけだとの認識がハーバーマスにはある。それ故、妥当な規範の条件はまさしく、合意による行為プランの相互調整行為としてのコミュニケーション行為そのものの中にあることになり、それをハーバーマスは「それにすべての人が従った場合に、すべての個人ひとりひとりの利害関心の充足にとって生ずる（と予期しうる）結果や随伴結果を、すべての関与者が受け入れること（それを、他の可能な規制の仕方から生ずる効果よりも望ましいとしうる）」（S. 75. 同、一〇八頁）と表現している。ケルゼンの〈根本規範〉の着想が、根拠から根拠への無限後退を強いられる形の、つまりは無根拠へ辿り着く形式性に終わったように、ハーバーマスの形式充足主義も形式性の枠を越えてはいない。だが、ハーバーマスにはケルゼンにはなかった側面が存在する。それに一瞥を投じておこう。

1　存在（Sein）と当為（Sollen）とのケルゼン的区別に、さらに言語や行為の概念が関連づけられるという特徴がみられる。規範はその遵守や成就の可能的行為とセットで考えるのでなければ sinnlos であるが、事実世界、存在事態の総体としての客観的世界は〈真なる文〉による確認の存否にかかわらず実在する。つまり、規範的妥当請求が「言語と社会的世界の間の相互依存性を媒介する」（S. 71. 同、一〇二頁）のに対し、言語と客観的世界との間には〈相互依存性〉の関係はないということである。規範の社会的妥当の事実性、またその妥当理由の多様性（利害、サンクション、確信等）と、当の規範の妥当性（Gültigkeit）との間の齟齬を隠蔽する役割を担うのは〈期待〉の概念（あるいは、その変様態）である。期待——その本質は間主観的な期待の期待にあるが——を中心とした〈内的関係〉が成立するか否かに対応させて Sein と Sollen との区別に言及した点に、視座の特色がある。ハーバーマスはいう。

「規範の長期に亙る社会的妥当が関与者たちによる正当なものとしての受容にも依存し、そしてまたそのような承認が、当の妥当請求が根拠をもって確証されうるとの期待に支えられているのであれば、一方で行為規範の〈実在〉（Existenz）と他方で当該の当為文に期待される根拠づけ可能性との間には、存在者の（ontisch）領域にはないような連関があるということになろう。確かに、事態の実在とそれに対応する確言文の真理性との間には内的関係がある。しかしこれは、事態の実在と、特定の人々が持つ当の文が根拠づけられうることへの期待との間に、内的関係があるということを意味するわけではない。このような事情から、経験的判断の妥当性の条件をめぐる問いの方はとりあえずは〔傍点筆者〕理論的ディスクルスの論理に依存しないような認識論的・科学論的考察を必要とするのに、道徳的判断の妥当性の条件をめぐる問いは、何故直接に実践的ディスクルスの論理へと結びついてゆくのか説明しうるであろう。」（S. 72. 同、一〇三頁）

2　規範の世界、統制的（regulativ）言語行為、規範的妥当請求の三者関係と、事実《タートザッヘ》の世界、事実確認的（konstativ）言語行為、真理性請求の三者関係とは、それぞれ独自的である。規範の世界（社会的世界）は元来、〈妥当と無縁に **geltungsfrei**〉構成されてはいないという点にその特色をもっている。ハーバーマスが注意を向けるのもこの点である。「一見したところでは、事実確認的言語行為において使用された確言文は、統制的言語行為において使用された規範的文が正当に（legitim）秩序づけられた間人格的関係に対するのと同じようなかかわりを、事実に対して持つように見える。文の真理性は、行為の正当性（Richtigkeit）が規範の遵守を意味するのと同じように、事態の実在（Existenz）を意味している」（S. 69. 同、九九頁）とみえる。だが、両者には違いがある。「規範の世界は、それ自体のうちで規範的妥当請求が組み込まれているということからして、統制的言語行為に対しては注目すべきある種の客観性を備えることになる。この客観性を、事実の世界の方は事実確認的言語行為に対して持っていない」（S. 71. 同一〇一頁）という点がその違いである。この違いが重要性をもつのは、規範と価値の分裂、世界と生活世界とのそれが、それに由来するからである。

3　生活世界の概念はE・フッサール以来、記号的に構成された科学的＝客観的世界との対比において用いられているが（拙著『生活世界の現象学』世界書院、第一章参照）、この点は、N・ルーマン、ハーバーマスにおいても同様である。ここでは、ハーバーマスのいう〈生活世界と世界との分化Differenzierung zwischeu Lebenswelt und Welt〉という点に止目しておけばよいだろう。[13] 生活世界を〈地〉とし、世界を〈図〉とする構図において、後者の明証性が前者の背景知としての確信＝確実性にもとづけられている限りにおいて〈世界の中の何ものかについてüber etwas in der Welt〉相互の了解が可能となる、という基本線に沿っていえば、役割期待や規範適合性といった〈規範〉意識の地平は生活世界にあることになる。自明性というよりも非顕在的な〈無問題性〉の地平としての確信地平といかに結びつくか、という問題次元が〈妥当性〉には内在している。〈何かであること〉の言明それ自体を一つの何らかの出来事たらしめる地平、それが生活世界である。それはH・リッカートのいう形而前的（vorphysisch）世界に近い。

5　抗事実的な行動予期

内容においてそれ自体、妥当性（Geltung）の明証性《エヴィデンツ》をもつが故に妥当する類の規範体系に比して、法規範の体系は専らその〈内容〉において妥当するのでも、また前提された或る実質的（materiell）価値に適合するが故に妥当するのでもない、という特質に言及しつつ、更にそれに加えて、ケルゼンはいう、「いかなる任意の内容でも法であり得る。いかなる人の行動であっても、それ自身として、その内容のために、法規範の内容となり得ないものはない」（『純粋法学』二八節）と。

存在秩序や価値秩序とは異なる意味秩序たる点に〈強制秩序としての法秩序〉（ケルゼン）の本質があった。法認識は〈実質的価値〉の創設を任務とせず、むしろ或る〈価値定立作用Wertsetzungsakt〉を規範体系へと構成する働きをもつ。だが、そこに〈認識の濫用Mißbrauch der Erkenntnis〉のあることもケルゼンは見逃してはいない。

「認識は、それに内在する傾向のために、正義という倫理的理想《イデアール》を——それが認識の対象となるばあいに——矛盾のない体系的統一としての秩序という、倫理的理想と関係のない論理的観念《イデー》に変質（denaturieren）させてしまう他はない」と（*Die philosophischen Grundlagen*, S. 71. 前掲、一〇〇頁）。ケルゼンは、法領域としての意味（Sinn）領域をさしあたり、脱存在化かつ脱聖化のロギッシュな観念《イデー》体系の場とみなしている。だが、意味は論理的意味を超えた拡がりをもつことにおいて生活世界やそこでの価値と接触することも指摘しておくべきだろう。問題は接触の仕方いかんにある。

再度、N・ルーマンの〈法社会学〉の視圏に戻っておこう。ルーマンにとっても〈当為〉はその価値性の故に妥当するものではなかった。実在のもつ価値（Wert-Realität）に対応させての当為のもつ価値（Wert-Sollen）に依拠させることなく、いわばルーマンは〈当為〉のもつ意味作用に着目しつつ、当為の存在意味を問う。当為の問題と社会の複雑性とは一体的なものであり、特に後者についてルーマンは「体験と行為（Erleben und Handeln）のもろもろの可能性が現実化されることによって一個の意味連関（Sinnzusammenhang）を生ずるときに、それらの可能性の総体（Gesamtheit）を複雑性（Komplexität）と呼ぶことにする」（『法社会学』）と。しかも、この複雑性は構造に依る可能性であるが故に、不確定な（kontingent）それであるという。そこから、当為性を伴った〈予期〉を人間が体験するとは何を意味するか、という問題次元が展かれることになる。ルーマンのいわんとするところを一挙にみておこう。

(1)「小さな社会システムの単純な規範構造の柔軟性は、主として、随時取りきめを結んだり共同で逸脱したり（Abweichen）する可能性に依拠している。規範の妥当（Geltung）は、あらゆる時点において、あらゆる人のあらゆる予期について右のようなことを実際に行なうのは不可能だということにもとづいている。したがって、規範の妥当の基礎は、究極的には、体験の場の複雑性と不確定性にあるのであり、規範はそれを軽減する（Reduktion）機能

をはたすのである。」（S. 39. 同、四四頁）

(2)　「このような立場からすると、規範とは、抗事実的に（kontrafaktisch）安定化された行動予期である、といえる。規範というものは、規範が事実として遵守されるか否かにかかわらないものとしてその妥当が体験され、したがってまた制度化される限りで、無条件的に妥当するものである。〈当為〉というシンボルは、この予期たる性質そのものを問題とすることなしに、なによりもまず、抗事実的な妥当を表現しているのであって、それが〈当為〉の意味（Sinn）と機能なのである。」（S. 43. 同、五〇頁）

以上のように、存在と当為、事実と規範といった静的二分法は、予期の予期という〈反射的過程〉の中に解消される、というのがルーマンの立場である。規範における価値序列と当為性とは直結しない。〈体験の場〉の複雑性と不確定性を前にして、他者の予期を予期しうるか否かの、行為の事実性の中に〈規範〉は存在するとみる立場は、当然、法規範の体系を〈べき〉の体系というよりは行動予期の安定化のそれとみる立場につながる。

6　実定法の妥当根拠

何が規範であるかという実体的思考を排して、何が、あるいはいかなる事態が規範として gelten するかという、機能的思考にとっては、機能性が意味性を包摂することが生じうる。ルーマンはアンチ・ケルゼン的な観点を採って、存在と当為の区別を承認しない。またその区別や真理と法のそれも決してア・プリオリに与えられた〈世界構造〉ではなく進化的（evolutionär）成果にすぎないという。〈当為〉は予期構造の明示的あるいは暗示的シンボルそのものと化し、正義は規範的行動予期の一般化の〈整合性〉のシンボルと化す。また他方では Legalität の Legitimität〈正当性〉も、その妥当要求が真実であるか否かにかかわらず成立することになる。ルーマンはいう、「決定の対象となる者が決定を下す者から規範的予期として通知されたことに対して認知的な態度をとることが任意の第三者によって規範的に予期されると想定されうるような決定は、正当（legitim）である」と（S. 261. 同、一八六～一八七頁、傍点筆者）。これは、法が実定化されることに応じて〈規範の妥当〉への信念が薄れ、問題解決の仕方が変化したことを示すものであるが、その骨格は、規範的予期が――認知的に予期されることを――規範的に予期する、という二つの予期の混合形態で構成されている[14]。

価値の絶対性や自然法的規範の神聖性といった上位秩序の下位に法規範を据えることで、その中に或る種の〈実体性〉をもちこまんとする実体主義の発想は、H・ケルゼンにもN・ルーマンにもない。だが、ルーマンからすれば、ケルゼンはなお古典的要素に囚われている。ルーマンのケルゼン批判の眼目は、ケルゼンが根本規範に固執する点からしても〈法体系の単一性〉と法体系の〈ヒエラルヒー的構造〉という階層秩序への志向に囚われている、という点であった（S. 358）。法体系の単一性の問題点は、それが単一性の〈原理〉を志向するという点にある。法規範の多様性が単一のヒエラルヒー的法体系＝秩序へと合一整序されると、それが伝達過程に移される場合には命令の上下関係を形成することになり、また、当の法体系の中の〈否定性＝不法〉は、体系内的下位のランクづけ、つまり法にとって否定的なもの、法を否定するものとの意味づけを蒙るという惧れが生じる。だが、後者の〈法の否定〉の問題は、実はケルゼン自身が意識的に解決を図ろうとした点であったことを想起すべきであろう[15]。

ところで、実定法の基本性格についてはケルゼンとルーマンは意見をほぼ同一にしている。その共通項は、自然法との断絶にある。法の実定性は、ルーマンによれば、一定の決定に〈規範的な妥当〉を付与する〈根本規範〉（ケルゼン）との論理的あるいは歴史的関連から生ずるものではなく、可能性を構造的に過剰生産する全体社会システムとの相関関係から生ずる。換言すれば、「実定法は、より高次の法が許容するがゆえに妥当するのではなく、自己の選択性が整合的定立機能を果たすがゆえに妥当するのである。」（S. 203. 同、二一二頁）

ルーマン的にいえば、法の〈妥当〉は定立という〈決定〉による。つまり「法は、決定によって定立される（選び出される）だけでなく、決定によって（つまり不確定的・可変的に）妥当する。」（S. 210. 同、二三二頁）だが、そのことによって実定法は〈不確定性〉と〈複雑性〉との増大した全体社会に対して、その適合可能性をより選択的に増大しうることになる。逆にいえば、それは、複雑性と不確定性との〈縮減〉を選択的に予期させる働きをもつことになる。[16]

7 他者たちの体験内容

さて、N・ルーマンにとってのLebenswelt（生活世界）はとりわけErlebenswelt（体験世界）であった。この体験世界は〈地〉として作用し、意味の次元を自ら創り出す。ルーマンが出発点とする視圏の構図もこれであった。[17] それを一挙に俯瞰しておこう。

(1)「人間は意味的に（sinnhaft）構成された世界に生きているのであり、人間にとってのその意義（Relevanz）は、人間の生理機構によって一義的に規定されるのではない。それゆえ世界は、人間に体験（Erleben）と行為のきわめて多数の可能性を示すのであり、それに対して、現実に意識的に（aktuell-bewußt）知覚し、情報を処理し、行為する能力はきわめて限られている。」（S. 31. 同、三七頁）

(2)「体験自体においては、他のもろもろの可能性の複雑性と不確定性とは、構造的に確定されて、〈世界《ヴェルト》〉として現われる。そして、比較的違背に耐えやすい選択を生むものとして実証された諸形式（die bewährten Formen relativ enttäuschungsfester Selektion）は、同一性を保ちうる意味（Sinn）として——具体的には、物、人、出来事、シンボル、単語、概念、規範等として——現われる。それらは予期のしっかりした足場となる。しかしながら、複雑かつ不確定的でありながら、しかも予期可能的に構造化されたこのような世界のなかには、他の意味（Sinn）と並んで他の人間が存在する。」（S. 32. 同、三八頁）

(3)「他者の行動は、既定の事実として予期することはできず、その選択性において、すなわち他者のもろもろの可能性からの選択として、予期できなければならない。ところで、この選択性は他者の予期構造によって操縦される。したがって、人は、破綻のない確かな問題解決を見出すためには、他者の行動のみでなく、他者の予期をも予期できなければならない。社会的相互行為の連関を操縦してゆくためには、各人が、他者が自己について予期していることを知るのみでなく、それをあらかじめ予期できなければならない。」（S. 33. 同、三九頁）

これらの引用によって鮮明となる点は、意味（Sinn）は、人間の生理機構との一義的な関係に制約されることなく、体験相互の間主観的な予期連関の中に沈澱する、という理解の仕方である。社会システムは、諸行為の意味連関的に構造化されたシステムであるために、現実の生物としての人間の個々の行動連関とは次元を異にする。それはむしろ、生物体的＝人間的要素を排除することに依存している。行為の可能性の相互予期の可能性の現実化のためには生物体的に可能なものの〈不確定性〉は吸収される必要がある。〈意味〉の構成には、脱身体的な言語の一般性は不可欠である。それによって世界は複雑かつ不確定な〈選択領域〉として構成される。それはまた、予期構造を言語的表示のうちに定着させることでその安定化をもたらすことができる。〈法〉が予期の整合性を備えうるのは、言語表現による〈意味〉の確定可能性による。問題解決の構造としての〈法〉は、意味の構成を離れては成立しえない。無限の言語世界の中で、法規範は〈予期構造〉に言語的自立性をもたらすことによって、おのれに意味的の形を付与するといえよう。言語へと定着されるか否かにかかわらず、意味の存在はルーマンにとっても大きな意義をもっていた。予期構造の構造性そのものの可能性が意味に依拠しているからである。ルーマンはいう。

「物や出来事や可視的行為や不可視なもののシンボルから成るこの世界に、他人の体験の意図的な連関が示され、同時に、自己の体験の他の可能性も示される。世界は、体験の他の可能性への選択的な通路を秩序づけるものであり、その限りで意味をもっている。それゆえ、意味（Sinn）は、多様な体験可能性を間主観的に（intersubjektiv）疏通可能な仕方で綜合する役目を果たすものである。」（S. 81. 同、九三頁）

こうした〈意味綜合《ジンテーゼ》〉は、日常的には他者の体験を現実に〈共‐体験〉することや、他者の予期を実際に予期することを免除させる機能をもつが、それは、言語のもつ記号性が間主観的な疏通性の機能をもつことと同じである。予期の予期は、そのまま〈意味の意味〉でもある。意味への参加は総じて〈モノ〉離れに依拠する。多様な意味の成立と存在に対応する社会システムの一つが実定法であった。

8　規範体系の真理関連性

ところで、体験と行為の一連の可能性の意味連関的総体が〈複雑性 Komplexität〉とよばれた。その実質は、現実化されうる可能性以上の可能性の存在を意味し、また不確定性（Kontingenz）とは予期のはずれる危険性を意味した。そして〈規範的〉なものの役割は、間主観的な予期の相互性の現実化のうちにみいだされた。法は複雑性と結びつく。抽象的にいえば、「体験と行為のもろもろの可能性の複雑性と不確定性は、個々人の世界地平（Welthorizont）に現れ、そして行為し体験する人々にとっての他の世界の存在《エグジステンツ》によって脅威であると同時に機会に富んだものへと高められるが、この不確定性と複雑性は、問題解決の構造としての法を要求し、また法のなかに自己を発見する」（S. 352. 同、三八一頁）という次第である。法は抽象性と対状況的な柔軟性とを増し、ついに〈決定〉によって変更しうる法＝実定法の形成にいたる。そこでは、規範的予期の過剰需要と規範の過剰生産とが相俟って、法の選択的構造とその可変的構造性とを基礎づけている。実定法は既述のように、ケルゼンやルーマンにおいては、恒常的不変的上位秩序や上位規範あるいはまた〈世界秩序〉に匹敵する自然法秩序等に依拠することなく、その規範性を確保しているのであった。しかし、ハーバーマスにとっては、規範の存立は、それがいかに〈内面化〉されるか、という規範の根拠づけの問題と直結しており、規範の妥当性の〈承認請求〉はあくまでも必要条件に属する。経験的〈事実〉認定の分野における〈真理性〉の承認請求と並んで、行動規範の正当性・適切性の承認請求が必要となるのは、それが〈動機づけ〉の問題と関係するからである。

或る〈決定〉の無動機な受容は、ハーバーマスのいう意思疎通的行動構造から、説得的〈動機調達〉を分離するときに成立する。それは、規範体系の〈真理関連性〉が可能か否かの問題に帰着する。ハーバーマスにとっては、行動の動機形式における正当性という、いわば〈妥当の妥当性〉が重要性をもっている。「真理性とか適正性（あるいは適合性）というような、生活の文化的再生産にとって本質的な妥当性の承認請求は、制御媒体として受けとられて支配力や金銭や信頼や影響力などのような他の媒体と同一の平面におかれると、言論による納得の可能性という意味を喪失するのである。〔N・ルーマンの〕システム理論はその対象領域としては、もっぱら経験的な事件や状態をしか容認しえず、妥当性の問題を行動の問題へ変換せざるをえない[18]。」

論拠の概念を論理学的な合理性の枠内に閉じこめるならば、一般に、行動規範に関する妥当性には〈論拠〉はみいだし難いことになる。ハーバーマスのいう〈論議によって達成される理性的合意〉はその点を補うものであるが、しかし、理性的合意に心理性を承認するという動機そのもの、あるいは規範の正当性に妥当性を承認するという動機そのものに関する相互的な〈合意〉の妥当性は、倫理的なものである。この意味の〈合意〉の倫理的相互承認の相互内面化の可能性はいまもなお残存しているのか、それともすでに崩壊しているのか、またその点の確認は〈言語〉領域でのコミュニケーション次元で、はたして可能なのか。更に、ハーバーマスの〈意思疎通的倫理〉にとって重要なことは、規範の普遍性（言論によって相互承認された妥当性）と、各々の行動主体の自律性との関連づけにあたって不可欠の、当の規範体系の〈真理関連性〉を方法的に確立することがいまもなお可能か否か、あるいは、〈個人の終焉〉が現実性を増しつつある状況下で、個人の動機発生が〈正当化を必要とする規範の内面化〉とは無関連となるまでに〈自律性〉はすでにすたれてしまったのか否か、という問題次元であった。社会的規範の妥当性が〈抑圧〉によって保持されているとき、それには〈真理性〉はない。ハーバーマスが〈規範の妥当性〉の承認を、論議や検討や合意を通じて達成しようとするのは、規範を〈抑圧―支配〉の関係という非合理性から解放し、それに〈真理性〉を得させんがためであった。〈真理性〉こそ、根拠のある動機（合理的動機）を形成する。

ハーバーマスにとっては〈正統化〉の根拠は〈真理関連性〉のうちにあり、それ故、法実証主義的な〈合法性〉信仰は、規範的秩序の非妥当的＝無根拠的定立可能性への信仰と同一的なものとなる。複雑化社会における〈システム自律化〉と〈個人の終焉〉に直面しつつ、内的自然や体験世界や生活世界の側に〈真理性 Wahrheit〉を設定しようとするハーバーマスの意図は、それらを批判原理として、一般に技術性に〈支配の合理性〉を内在化させるという、合理化の技術的支配への傾向に対抗することにあった。体験世界（Erlebenswelt）の重要性は、社会システムの操作的技術化（自律化）の正否が問われる場であることによる。

第4章　M・ウェーバーと法

1　社会秩序と法秩序

M・ウェーバーの〈法社会学〉の視圏と、N・ルーマンの〈法社会学〉のそれとの接点の法思想的内容についてはすでに関説した。今回、必要とされるのは、その内容に、さらに、E・エールリッヒの〈法社会学〉の視圏を重ねてみることである。それによって、現代の〈法社会学〉における〈法〉の捉え方の基本的内容が了解可能となるであろう。のみならず、そのことはまた、法、法秩序、行為秩序、社会秩序といった、混同されやすい諸秩序観念の区別の重要性が、いかに現代の法思想にも影響しているかを示すことにもなるであろう。

例えば、P・ノネとP・セルズニックの共著『法と社会の変動理論』（六本佳平訳、岩波書店）は、「法と秩序」という慣用句は、〈抑圧的〉であるとの見解のもとに、みずからの唱える〈responsive law 応答的法〉と〈repressive law 抑圧的法〉との峻別化を図っているが、これは、法と、通常、国家的強制秩序と思念される意味での法秩序とをきびしく区別したM・ウェーバーの法社会学的思考ときわめて近い関係にある。また、同書中の「抑圧的法のたえざる源泉の一つは、文化的同調（conformity）への要求である」（六五頁）との表現は、法秩序と行為秩序との区別の必要性を示唆しているが、これもまた、ウェーバーの〈法社会学〉の中にすでにみられるものである。他方では、F・A・ハイエクによるH・ケルゼン批判の骨子、つまり、ケルゼンは〈法秩序〉のみに関心をよせ〈社会の秩序〉を不問に帰しているとの見解は、法秩序と社会秩序との混同化に反省をうながすものであるが、これなどは特に法社会学の基本的見地であるといってよい。

1 さて、M・ウェーバーとE・エールリッヒの〈法社会学〉における法思想を比較の対象とする以上、再度、ウェーバーの〈法〉理解を検討すべきであろう。そのためには、合理性（Rationalität）、計算可能性（Berechenbarkeit）、共同社会関係（Vergemeinschaftung）、共同社会行為（Gemeinschaftshandeln）、利益社会関係（Vergesellschaftung）、利益社会行為（Gesellschaftshandeln）、諒解行為（Einverständnishandeln）といった、ウェーバー特有の概念の理解が不可欠となろう。それらについては、必要に応じて関説するが、それは単なるウェーバー理解のためだけではなく、現代の法思想を把握する上でも重要性をもつからである。

まず、次に二つの文章を引用しよう（正確さを期するため、引用は今後も長文とならざるをえない）。

(1)「一つの事実を法的に秩序づけるということは、常に次のことを意味している。すなわち、それは、ある人的な機関《インスタンツ》――それがどのような性質のものであろうとも――が存在していて、この機関が、当該事実が出現した場合に、『法的に』いかなる結果が生ずべきかを、なんらかの規範観念にしたがって、（原理的には）明示しうるとみなされている、ということを意味している。ところで、事実のこのような法的秩序づけは、どこにおいても、決して徹底的にあますところなく実現されてはいないのである。およそあらゆる合理的な利益社会関係《フェアゲゼルシャフトゥング》が、したがってまた共同社会行為《ゲマインシャフツハンデルン》や諒解行為《アインフェアシュテントニスハンデルン》の秩序もまた、これらの共同社会行為や諒解行為そのものに比べると、後発的な現象であるのが常である。」（世良晃志郎訳『法社会学』創文社、四九頁）

(2)「法と習律と習俗とは、われわれがある他人の――彼から期待される、または彼によって約束された、あるいはその他彼の義務とみなされるような――行為《フェアハルテン》の保障者として当てにしている、また当てにしうる唯一の力では決してなくて、これらのほかに、とりわけ、一定の諒解行為の存続そのものを求める他人自身の利害関心が保障者として働いている。」（同、五一頁）

さて、以上の中に、すでに重要な事柄が多く語られている。まず注目すべきは、共同社会《ゲマインシャフツ》行為や諒解行為そのものの〈秩序性〉にくらべると〈法的秩序〉は後発的である、という点である。ウェーバーのいう〈法秩序〉は、ある一定の秩序遵守それ自体のために〈法強制〉を行なう特別の組織が存在している場合に成立し、したがって、共同社会において相互諒解的かつ秩序志向的に妥当しているその秩序は、法秩序ではない。さらにはまた、共同社会行為の事実性にみられる〈規則性〉は、ウェーバーによれば、人々の〈法規則〉への志向の結果であるというよりは、「みずからの利益のためにおこなう主観的に目的合理的な行為の格率《マクシーメン》からくる規則性」（同、三九頁）という色彩が濃厚である。

〈法秩序〉と、習俗（Sitte）や習律（Konvention）あるいは慣習法（Gewohnheitsrecht）等との違いは、法的な〈強制装置〉の有無にあるのはいうまでもない。強制装置の存在によって行為者のその行為の〈結果〉の計算可能性はその確かさの度合を増すことになるが、しかし、〈合法的 rechtmässig〉な行為のためには必ずしも〈法強制〉の存在が前提となるわけではない。ある規範が〈客観的〉に妥当しているという主観的信念が人々の間で現実に通用しているという〈諒解〉のもとでは、行為は、必ずしも強制装置による〈法的保障〉がなくとも、その目的合理性（結果の計算可能性）の実現は可能である。

ウェーバーが注目し、かつ比重を置くのは、行為の諒解的な〈計算可能性〉のうちにみられる〈秩序〉である。法的保障による〈計算可能性〉は、その部分現象にすぎない。〈予期の予期の、さらにその予期〉といった間主観的な予期構造（諒解‐構造）こそ、共同社会行為の地盤をなす、これが、ウェーバーの基本的見解である。

2　〈計算可能性〉の概念は、ウェーバーのいう〈形式的合理性〉と〈実質的合理性〉との区別における、二つの合理性に関わることを指摘しておくべきであろう。ある特定の倫理的命令に法律問題の解決をゆだねるごとき事態にみられる〈実質的合理性〉が対立するのは、〈外面的なメルクマールの形式主義〉と〈論理的抽象の形式主義〉とである。合理性とは、それが実質的であれ形式的であれ、計算可能性の別名である。それに対立するのは、形式的な非合理性（例えば神託による解決）と実質的な非合理性（感情的な価値評価による解決）である。

ところで、ここで注目しておきたいのは、抽象的〈法命題〉の論理的・意味解明的な体系化（合理化）としての法形式主義（Rechtsformalismus）あるいは法合理主義そのものに内在する〈合理性〉と〈非合理性〉である。

「本来の法形式主義は――とウェーバーはいう――、法装置を、技術的に合理的な一つの機械のように機能させるものであり、かくして、それは、個々の法利害関係者に対して、彼の行動の自由のために、とりわけ彼の目的行為《ツヴェクハンデルン》の法的な効果やチャンスの合理的な計算のために、相対的には最大限の活動の余地を与える。」（同、三七九頁）

法形式主義の形式的な〈合法性〉に対立するのが、社会的・経済的な不平等性の是正の〈実質的要請〉や、宗教的倫理にもとづく正義の実現というそれなどである。法の合理的な計算可能性にとっては、こうした〈実質的要請〉は非合理的な存在となる。抽象的に構成された法命題の体系の外側に位置する事実や期待は、法形式主義にとっては、法的に意味をなさないという意味において非合理であるか、非存在とみなされることになる。

だが、他方では、法形式主義は、形式‐内在的実質ともいうべき〈非形式〉を、それ自身のうちに含んでいる。法思考の論理的純化、またその成果たる〈法の合理化〉が、人々の行態の外面性から内面性へと波及した結果、形式そのものが不可避的に蒙った事態がそれである。財貨取引における相手の〈実質的誠実性〉への信頼といった非形式が、実質的な合理性をもつ事実は周知の通りである。むろん、ウェーバーのいう〈非形式〉は、心情や誠実性といった無形の内面性に関わるものみではない。例えば、次のように。

「法の合理化は、刑事法においては、復讐――復讐の要件としては結果が重視される――に代えて、合理的な――倫理的または功利的な――『刑罰目的』を強調し、かくして、これまた、法実務の中にますます非形式的な諸要素を持ち込んでいる。」（同、五一三頁）

この表現における倫理的あるいは功利的な〈目的〉が非形式的な要素であるのは、それが、法形式主義における法命題体系の論理的合理性の外部に位置する概念だからである。もし、それを、その内部に取りこむとすれば、事態は〈法発見・法創造〉の問題に関わることになるだろう。そして、このことはさらに、権利や正義の問題をもかかえた、〈法とは何か〉の問いに結びつくことになる。この問いへの言及はいずれ不可避となるであろうが、ここではなおしばらく、ウェーバー社会論に注目しておきたい。

2　ウェーバーと合理性

ウェーバーの〈法社会学〉に特徴的な事柄の一つとして、〈妥当〉概念の差異性への注視があげられうるであろう。つまり、法命題の論理的妥当性、ある法秩序への人々の事実上の（つまりは動機は不問とした上での）服従に即しての法秩序の妥当性、人々の法秩序への意識的な志向性が当の秩序の妥当性を形成している場合のその妥当性、といった区別にみられる差異性がそれである。そして、そのさい、〈妥当〉志向性の共有化のもとに成り立つ〈諒解行為〉がとりわけ重要性をもつ、ということであった。

さて、ウェーバーの社会学における主要概念や方法的基礎に関する論述は、周知のように、数多く存在する。とはいえ、後述するE・エールリッヒやJ・ハーバーマスの社会論や行為論との関連性をみる上で、それらへの言及は、ある程度、必要不可欠であろう。

1 まず、ウェーバーのいう〈合理性〉は、計算可能性、一貫した計画性、技術的精密性、形式的方法性、経験的なものと超経験的なものとの区別化、といった観念としばしば同等にもちいられる。そして、ウェーバーに特徴的なことは第一に、一見、非合理性が顕著と思われる宗教や芸術の領域にも〈合理性〉の存在をみてとった、という点である。ウェーバーはいう。

「たとえばルネッサンスの最高の芸術理想は、普遍妥当的な『規準』〔der geltende Kanon〕への信仰という意味で『合理的』だったし、その人生観もプラトン的な神秘主義の要素が混入していたとはいえ、伝統的束縛を拒否し自然のうちにある理性〔naturalis ratio〕の力を信ずるという意味で合理主義的なものであった。」（徳永恂訳「世界宗教の経済倫理」『社会学論集』青木書店、二一八頁。次下でも同書頁数を記す。）

ちなみに、上記の〈自然のうちにある理性〉は、自然法に関連する。いかなる自然、いかなる理性を設定するかによって自然法も、合理性をもつか否かが決まることはいうまでもない（法合理主義における自然法的なもの――例えば契約の自由――の内容については後述する）。

さて、第二の特徴は、〈目的―手段〉関連のプラグマティックな合理化の背後に〈生活合理化〉や〈実践的-合理的生活態度〉の存在のみならず、世界像の問題に関わる〈宗教的合理主義〉の存在をもみてとる、という点である。合理的実験、合理的法学、合理的簿記法、〈自由な労働の〉合理的組織、合理的労働手段等にみられる〈合理性〉は、経済的合理主義の要因であるが、そのさい、実践的-合理的生活態度が不可欠とされるだけでなく、〈世界〉の宗教的合理化がその背後にある、という構図がそれである。〈苦悩〉からの救いの証しをどこに求めるか。それに対応するのが、ここでいう生活合理化や実践的‐合理的生活態度なるものであった。

それは、具体的には、〈現世的禁欲〉〈合理的禁欲〉という、日常行為的にみられる方法的合理主義の態度のことである。ウェーバーはいう。

「現世を呪術から解放すること〔Entzauberung der Welt〕、および救済への道を瞑想的な『遁世』〔Weltflucht〕から行動的、禁欲的な『世直し』〔Weltbearbeitung〕へときりかえること、この二つが完全に達成されたのは、――全世界に散在している少数の規模の小さい合理主義的宗派を度外視すれば、――ただ西洋における禁欲的プロテスタンティズムの大規模な教会および宗派形成のうちだけであった。」「こういう現世的禁欲という態度は、尊厳や美、甘い陶酔や夢、純世俗的な権力や英雄気取りといったさまざまの財を、神の国の競争者として蔑視し放逐したという意味では、たしかに現世拒否的である。しかしそれだからこそかえって瞑想的態度のように現世逃避的ではなくて、神の誡めにしたがって現世を倫理的に合理化しようとした。」（同、二一四頁）

〈現世拒否 Weltablehnung〉は、上記のように、宗教的救済観の対立によって、二つの異なる意味をもつ。その対立は、むろん、神と人間との関係についての、また日常的行為への意味付与のあり方についての対立でもある。〈現世拒否〉に関する差異・対立については、次の記述の引用で十分であろう。

「一方に神の意を体し神の道具として行為する実践的禁欲があり、他方には、行為ではなくて『所有』を意味する神秘主義の思弁的な救済所有〔Heilsbesitz〕がある。この救済所有のばあいには、個々人は神的なものの道具ではなくて、『容器』であり、したがって現世的な行為は、徹底して非合理的かつ現世外的な救済状態にとっては、危険な存在とみなされる。この対立はつぎのようなばあいには尖鋭なものとなる。すなわち行為の禁欲が、現世内で現世を合理的に形成するものとして、現世的『職業』における労働によって、被造物として堕落を制御するように作用する（現世内禁欲）〔innerweltliche Askese〕一方、他方では神秘主義のほうも、徹底した現世逃避から生ずる帰結をあますところなくひきだすばあい（現世逃避的瞑想）〔die weltflüchtige Kontemplation〕である。」（同、二三四〜二三五頁）

2　上にみられるのは、ピューリタニズムの〈職業倫理〉の問題であるが、その背景には、独自の救済観が存在する。現世内的・日常的な諸活動（とりわけBerufとしての職業）を、神の意志に発する義務とみたてて――ウェーバーのいう合理的事象化（Versachlichen）、つまりは合理的な意味解明――、それを日常的・恒常的に遂行することによって、救済の保証を現世内で継続的に得る、というのがそれである。生活合理化や実践的‐合理的生活態度は、一方では合理的経済の温床となったという意味をもつとはいえ、それが真に関わるのは、救済の問題であった。

〈合理性〉の概念は、基本的には、〈目的―手段〉関連に恣意や偶然という予期不可能な契機の入りこむ余地を方法的に排除した（したがって理念型的な）、諒解可能な秩序形態を意味するとはいえ、目的合理性と価値合理性の区別や、また実質的合理性や形式的合理性のそれにみられるように、一義的ではない（目的合理性にとっては価値合理性は非合理であるが、しかし無意味ではない）。現世内的禁欲による生活合理化は、類型的に諒解可能な内容をもつであろうが、そのことと〈救済〉との関連性は、合理性をもつわけではない。その場合には、手段の合理性がみられるだけである。目的達成のために手段を方法的に確立すること自体にも、一種の合理性はみられるが、しかしそれは、目的の合理的達成とは無関係である。そこに欠落するのは、〈目的―手段〉連関の、その関連づけの仕方（方法性）についての経験的な諒解可能性である。

3　ところで、合理性の概念は、〈目的―手段〉連関のみならず、〈原因―結果〉や〈動機―行為〉の連関性にも関係する。周知のように、前者に関しては〈因果帰属 die kausale Zurechnung〉が、そして後者については〈意味関連 Sinneszusammenhang〉の概念が、その諒解可能化のための方法的概念として用いられている。〈理念型〉の概念がその典型であるように、それらが方法的概念である限り、それは合理主義的に形成されていることはいうまでもない。合理的な概念装置は、現実には非合理的要素を含む行為経過の諒解装置であるにすぎない。全体としては無限の因果連鎖の束としてのカオス的〈現実〉のうちから、一定の関心にもとづきつつ何が知るに値するかを判断するその認識前提的な主観性、また、いかなる概念を選択してその〈現実〉から、いわば第二の現実としての論理的に加工された〈秩序現実〉をつくりだすかにあたっての、その概念選択の主観性、さらには、概念化された第二現実とそれ以前の〈現実〉との間の距離性（ズレや変形性）そのものの主観性——こうした主観性が、当の概念装置の構造につきまとう以上、その装置では〈実体的なもの〉は、獲得できない。認識のための概念装置は諒解装置としてのみ機能する、ということの意味はそこにある。

ウェーバーの社会学的認識論にみられる〈実体〉排除の思想は、留意すべき重要点である。その一例は次の記述にもみられる。

「『友情』とか『国家』とかが現に存在し、あるいはかつて存在したということの意味は、もっぱらただ、一定の人間がもつ特定種類の態度にもとづいて、平均的に思念された意味からすればそれとわかるやり方で行為がなされる見込みが現に存在し、あるいはかつて存在したと、われわれ（観察者たち）が判断するということなのであって、それ以外のなにものでもない。」（徳永恂訳「社会学の基礎概念」同、一二一頁）

私が、ある〈意味内容〉を——個人的にか平均的にか、あるいは純類型的にか——もつと思われる或る種の〈行為〉を行なうとき、私は相手もまた、その意味内容にふさわしい〈態度〉をとるものと推量的に期待し、その期待にもとづいて私の行為をなす——という意味対応的な相互行為関係の成り立ちうるところにしか〈社会関係〉は存在しない。これがウェーバー社会論にみられる〈関係〉の非実体化の内容である。そして、社会的ルールと化した社会的行為関係もその例外ではない。

3　A・シュッツの思想

ところで、M・ウェーバーのいう〈主観性〉は〈主観主義〉におけるそれとは区別されるべきである。それは、ハートのいう〈内的視点 internal point of view〉に匹敵する概念である。社会的ルールの内的な側面とは、それを志向的に遵守する人々とは異なる第三者的観察者の外的（external）視点や外的陳述において把握されているその外面性に対立するところの、いわば相互志向的相互承認的に成立しているルール遵守のその内面性の次元のことである。ハートはその『法の概念』（矢崎光圀監訳）の中で次のようにいう。「本書の中心的主題の一つは、社会的ルールを考察するときには常になされうる二つの異なった種類の陳述、私が『内的』"internal"と『外的』"external"と呼ぶ陳述 statement の間の一定の決定的区別をわきまえないと、法も、その他の社会構造も理解することができないということである」（「序」）と。むろん、ハートは、〈内的〉と〈外的〉との区別化において、そのいずれかを排除しようとしているわけではない。両者はともに必要なのであり、かつ両者の混同こそ避けられるべきこと、それがその主旨である。

ちなみに、ハートは「法の本質についてのすべての考察は、法の存在が少なくとも一定の行為を義務的なものにするという想定から始まる」（同、一〇章）という。一般に〈法の存在〉は、〈法がある〉と、〈法である〉とに区別でき、そのニュアンスの差異は、外的と内的とのそれに対応させることができるであろう。これは〈義務〉についても同様である。遵守志向性の有無に関係なく客観的（外的）に〈これこれの法がある〉との陳述と、遵守志向的に〈法である〉事態とは、まさに法の〈存在様式〉の差異を示している。ハートが促すのは、この差異性への注目である。

ところで、ハートに関してはすでに法の個別問題に関連させて言及した。ここでみておきたいのはウェーバー社会学の概念装置とA・シュッツの〈現象学的社会学〉との関連性である。

1　さて、E・フッサールの現象学が、いわゆる〈カント的問題〉をその出発点としていることは注目に値する（前掲『生活世界の現象学』第一章参照）。カント的問題とは、「われわれが事物について先天的に認識するのはわれわれ自身が事物の中へ投入するもののみである」に象徴されるところの、あの〈物それ自体 Ding an sich〉の不可知性という問題意識のことである。この意識は、事物や物質の〈非同一性〉〈非実体性〉の観念と結びつく。その点を次に引用しておこう。

(1)「事物は、経験されたものとしてつねに或るもの、つまり存在するもの、規定されたもの、そして同時に規定されうるものとして現われ、しかもそれの現われ方の変化やそれが現われてくる事情の変化によっては、くり返しほかの存在物としても現われるのである。」（E・フッサール／小池稔訳『厳密な学としての哲学』中央公論社）

(2)「物質が、まずなによりもそれが為すことから独立に、それがそれであるがゆえにそれが為すことを為す、ということが真理であるどころか、いまや物質は、それが為すことを為すがゆえにそれはそれであること、一層正確にいえば、それがそれであるのは、それが為すことを為すというのと同時であるということ、を教えられる。……それ〈物質〉は、存在が根底においてそのまま行為であるような第三の領域として精神や生命に類似している。」（R・G・コリングウッド／平林康之・大沼忠弘訳『自然の観念』みすず書房）

人間存在の〈自己性〉を〈役割行為性〉へと還元せんとする行為論の存在も、こうした現代の事物・物質観のあり方と無縁ではない。〈同一性〉や〈客観性〉への素朴な信仰がくずれたこと、それが両者の共通項である。〈客観的事実〉なるものの、文脈‐内‐有意味性（Sinnhaftigkeit）というその被規定性、それが主観的あるいは内的視点の必要性（あるいは必然性 Notwendigkeit）を、自己内在的かつ自己目的的に、要請することになる。〈事柄 Sache〉そのものが、それ自身から要請するその主観性の視点、それは〈事柄〉のための、それにとっての外的なそれではない。この区別は、A・シュッツの思想理解のためにも重要である。

2　第三者的観察者がその一定の〈客観的〉と彼自身において主観的に思念されている解釈図式に即して把握された〈客観的意味連関〉と、彼によって観察される当の人々自身における経験の中の〈主観的意味連関〉とのズレ、その非同一性、そこに意味をみいだすのが〈内的視点〉である。特定の〈われ—われわれ〉関係の類型性を生じさせ、かつ前者が〈かれら〉を類型的に〈同一化〉させるという構図から、〈われ〉としての観察者も自由ではない。第三者的な〈外的視点〉といえども実は〈内的〉契機をその構成因としていること、まずこの点に留意しておきたい。

この点はしかし、より原理的な観点から把え直しておく必要がある。

「私の手もちの蓄積された知識は、私が私の手の届く範囲にある世界のすべての層に等しく関心をもっているわけではないという事実にしたがって構造化されている。こうした関心の選択機能が、私の世界を比較的に有意な層とそうでない層とに組織する。」（森川・浜訳『現象学的社会学』紀伊國屋書店、六三頁）

ここに示された〈認識と関心〉の関係は、単に事象理解だけではなく、他者理解——〈われわれ〉理解や〈かれら〉理解をも含む——、行為理解、〈客観性〉理解、類型理解、意味連関理解、記号理解等にも及ぶであろう。「関心とは、最初から他の諸関心とひとつの体系の内で結びついている」（同、一二八頁）以上、単独的に孤立した〈関心〉は存在しえないという事情は、観察者の〈外的視点〉への関心にも妥当する。それは、一定の目的のために、主観的に合理的と思われた選択に制約された視点であるにすぎない。一般に、外的視点は、観察対象たる行為者の〈合理的〉行為の把握にそのねらいを定めているといってよい。だが、〈関心〉の場合と同様に、単独の孤立的な〈合理的行為〉は存在せず、それ故に〈外的視点〉は、行為者のその全体的な行為体系の中から類型的に客観的な合理性を選択的に取りだしうるにすぎない。

3　ところで、〈内的視点〉が必要性（必然性）をもつのは、行為者がその行為の〈意味〉にこめた主観性の故ばかりではない。ここでも原理的な問題把握が必要である。シュッツはいう。

「自然科学者の研究する自然的世界は、そこに含まれる分子や原子や電子に対して何を『意味する』わけでもない。だが、社会科学者の観察領域、つまり社会的現実は、そこで生き、行為し、思考する人間に対して固有の意味と有意性構造をもっている。人間は一連の常識的構成物によって、彼等が日常生活の現実として経験するこの世界を前もって選択し解釈しており、また、動機づけとして彼等の行動を決定しているのは、こうした彼等の思考対象なのである。」（同、二九四頁）

ここで、日常生活の〈現実〉の多様性や多元性の分析に立入る必要はないであろう（A・シュッツの『社会的世界の意味構成』（佐藤嘉一訳、木鐸社）、『社会的現実の問題』（Ⅰ・Ⅱ、M・ナタンソン編、渡部・那須・西原訳、マルジュ社）での分析を参照）。人間は、意味連関-内-存在として、意味対応的であることを指摘しておくだけでよいだろう。

問題は〈行為の意味〉に関する内的と外的の関係である。私のある行為についての私自身にとっての意味、私のその行為に相互行為的に関わっている相手にとっての私の行為の意味、私の行為の第三者にとっての意味、それらの〈意味〉は互いに異質である。それらの差異性は、進行中の行為と結果としての行為の区別、また目的動機と理由動機の区別という二種類のそれに対応して、より明瞭なものとなる。だが、行為と動機に関するそれぞれの差異は、基本的には、内的視点と外的視点との〈可能性〉の問題に還元されうる、という点が重要である。外的視点にみえるものは内的視点にはみえず、同様にその逆も可なりという事態が〈意味変容〉の源泉をなしている。ここでも原理的な問題点を押さえておく必要がある。シュッツはいう。

「日常生活における行為者からみれば、選択の過程に含まれている全要素の完全な明晰性、つまり『完全に』合理的な行為というものは不可能である。というのも、第一には、選択肢の構成の基礎にある計画の体系は、行為者の理由動機に属するものであり、したがって回顧的観察〔結果的行為への外的視点――筆者〕によってのみ明らかになり、目的動機――これは行為者のまなざし〔進行中の行為への内的視点〕にとらえられている――に方向づけられている自己の行為を生きている行為者には隠されているからである。」（同、一二九頁）

この点からしても、〈客観性〉を標榜する第三者（例えば裁判官）の立場が、その〈他者〉把握においていかに擬制を強いられるかが判明するであろう。第三者は通常の意味での行為者ではなく観察者である。その外的視点による〈客観性〉は、一般に、何が生じたかではなく、何が生じたとみるべきかに焦点を合わせている。

4　対面状況下における〈われ―われわれ〉関係については、当面の必要事は〈予期構造〉に即して関説した（第2章）ので、ここでは〈われ―かれら〉関係に一瞥を投じておこう。〈われ―かれら〉関係に特徴的なことは、そこに、相互理解のための解釈図式として、相互の〈類型化〉がなされる、という点である。むろん、第三者からすれば〈われ―われわれ〉関係も類型的な〈かれら〉に変質する。

〈かれら〉関係に本質的なことは、私がかれらを類型化すると同時に、私が私自身を類型化して、その類型性を、かれらによる私理解の解釈図式としてかれらに提供する、という点である。その解釈図式に即して私を解釈するものとしての〈かれら〉という、かれらについての類型化は、要するに、同一の解釈図式の〈共有化〉を仮定的にめざしたものであるが、それはシュッツも指摘するように〈検証できない〉ものである。だが、それは無意味ではない。シュッツはいう。

「私が相手に帰属させる〔解釈〕図式が標準化されていればいるほど、私が相手から適合的な反応を期待しうるチャンスは大きくなってゆく。こうした標準化された図式の例としては、法・国家・伝統・あらゆる種類の秩序体系に由来する図式、ことに手段—目的関係にもとづく図式——つまり、ウェーバーのいう『合理的な』解釈図式——が挙げられる。」（同、一三六頁）

さて、以上でシュッツへの言及を終えよう（シュッツへのE・フッサールやH・ベルグソンの影響については、周知のこととして不問とする）。客観性、具体性、事実性などに伴う〈主観性〉、その主観性に伴う抽象化、形式化、類型化といった事態は、主観性と客観性との間を画する境界線の不在を示している。まさに「事実は解釈の内的地平と外的地平を伴っている。」（シュッツ、前掲『社会的現実の問題』I、参照）客観的なものがまず在って、それに主観的なものが加わるのではない。とりわけ、事態や事象の、しかも〈現実〉として受けとめられた〈事実性〉には、その構成契機として、主観的なものが内在している。

ところで、〈主観と客観〉の関係を、〈行為と客観〉のそれに対比してみるとき、その客観の存在様態は変異する。〈法の世界〉では、客観に対応するのは主観ではなく〈行為〉であり、主観の非同一性と行為の同一性とに関わるものとしての客観が、そこに登場する。主観が客観に対応するのではなく、客観が主観に対応するという関係構造に、それは由来する。次にみるE・エールリッヒの法理論は、その点への批判をも含むものとして、理解されるべきであろう。

4　国家秩序以前的な法の事実

さて、E・エールリッヒの法思想を検討するにあたって、次の二つの表現をみておくことは有意義であろう。

(1)「現代の法律家の眼には、法と法強制によって支配されている世界しか通常は見えていない。彼にとって唯一のものであるその世界は、法と法強制を物事全ての始まりだとする彼の世界観の賜物である。それなくしては、法律家は人間の共同生活を想像することさえもできないのである。」（河上倫逸他訳『法社会学の基礎理論』みすず書房、七六頁）

(2)「ここでわれわれが問題にしたのは、諒解行為《アインフェアシュテントニスハンデルン》または利益社会行為《ゲゼルシャフツハンデルン》の法的および習律的な規整《オルドヌング》は、原則としてはこれらの行為の一部分だけを把握しているにすぎず、また事情によってはまったく意識的にそうしているのだということを、確認しておくことであった。共同社会行為《ゲマインシャフツハンデルン》が一つの行為に志向する《オリエンティールング》ということは、たしかにあらゆる組織的社会関係《フェアゲゼルシャフツング》の成立にとって構成的な意義をもっているが、しかし、あらゆる永続的な・アンシュタルト的に秩序づけられた団体行為《フェアバンズハンデルン》の全体にとって、強制装置が構成的な意味をもっているわけではない。」（M・ウェーバー、前掲『法社会学』五二頁）

ここにみられる両者の共通点は、少なくとも、〈法〉を国家強制秩序とはみなさない、ということである。E・エールリッヒにとって法とは、共同生活における人間の〈行為の規則〉である。裁判官のための裁判規範や強制規範と、行為規範との区別が必要なのは、まさに「人間の生活というものは裁判所の前だけで営なまれるものではない」（エールリッヒ、前掲）からである。組織的社会関係の真の担い手たる行為規範に比して、裁判規範は、第二次的な法であるにすぎない。社会的規範としての行為規範のもつ社会秩序の形成力は、強制秩序としての法秩序の枠内におさまりきるものではない。宗教・倫理・慣習・習俗といった社会的規範は、法規範に先行し、また、エールリッヒのいう〈法の事実〉は、様々な人間組織の自発的な内部秩序・行為規則として、国家秩序以前的に存在している。

エールリッヒが〈法の事実〉に言及することで意図したことは、国家の創造する秩序のみを〈法〉とみなす根づよい偏見の打破であった。だが、それのみではない。〈法の事実〉は、基本的に裁判所が裁判規範を汲みとってきた源泉であり、かつ同時に、紛争処理にあたっては常にそれに注目せねばならない対象でもあったからである。〈法の事実〉は、法史学的観点からみた〈法の起源〉としての〈事実〉のことであり、エールリッヒによれば、それは、慣行（Übung）、支配（Herrschaft）、占有（Besitz）、意思表示（Willenserklärung）を意味する。

ところで、これらの〈法の事実〉の歴史上の具体性については、エールリッヒの記述にゆずるとして、それらが法の国家起源説の反証材料としてもつ意義は確認しておくべきであろう。〈法と秩序〉という慣用句が抑圧的であるのと同じ意味において〈法と国家〉のそれも、抑圧的である。では、なぜ国家が優先的な〈法源〉とみなされるのか。

「第一に、立法による法形成への参与、第二に、国家裁判所——部分的には他の官庁——による司法への参与、第三に、国家の制定法をそれを介して実施させる国家官庁に対する命令権力、第四に、法と一致する事実状態を維持することは、何よりもまず——少なくとも最終的には——国家の強制権力によって達成されるという観念」（同、一二七頁）——これらがエールリッヒのあげる理由である。だが、国家強制秩序としての〈法〉は、〈生ける法〉としての〈法の事実〉にとっては外面的な第二次的秩序であるにすぎない。これが、エールリッヒの法思想の中軸をなす観点である。次に、その細部に立ち入ってみよう。

1　エールリッヒの法思想が対立するのは〈社会は制定法＝法規によって支配されるべし〉との思想である。社会の中に〈自生した法秩序〉か、それとも法規の中で〈意欲された法秩序〉に重点を置くべきか、そこにエールリッヒの問題意識の中心がある。まず、その点をみておくべきであろう。

「人間社会の法秩序の直接的基礎となっているのは、慣行・支配関係・占有関係・意思表示――特に、その最も重要な形態たる定款・契約・遺言――という法の事実だけである。かかる事実から社会の構成員の行態を規定する行為の規則が生じてくるのである。それ故、社会の法的秩序にとって直接重要なのはこうした事実なのであって、それに基づいて裁判所が判決を下したり、国家の官庁が処分行為を決めたりする法規はさして重要でないのである。」（同、一七九頁）

むろん、法規もまた、それが内含する法規範が志向的に妥当性（実質的妥当性）を獲得することによって、人々の新たな〈行為規則〉となりうる、という意味において軽視すべきものではない。社会の〈法全体〉は、法の事実と法規との関連において成立している。重要な点は、それ故、両者の構造的関係性のあり方、ということになる。エールリッヒはいう。

「規範を包摂する法規は全て、法的効果として命令や禁止を事実に結びつけるのである。そして、規範・命令・禁止を条件づけるそうした事実とは、慣行・支配関係・占有関係・意思表示といった法の事実のことなのである。したがって、規範づける法規においては、常に、規範化された命令や規範化された禁止と、上述した法の事実との関係が重要なのである。」（同、一八一～一八二頁）

では、法の事実と法規との関係はどうか。エールリッヒによれば、三種の区別が可能であるという。

(1)「共同体内の慣行を法的に有効だと看做し、支配関係や占有関係を維持し、定款・契約・遺言を貫徹しつつ、社会の中で成立して来た法の事実に無条件で、あるいは一定の条件の下で裁判所や官庁の保護を与えているような法規」（同、一八二頁）が、第一のそれである。この場合、法規的規範と法の事実内規範とは論理的関連性を有する。

(2)「既存の事実を否定し、あるいは能率的に法の事実を創出する法規」（同上）が第二のそれである。

(3)「法の事実に関して法的効果を決めるものであって、実生活の中でそうした事実から生じた慣行・支配関係・処分と接合している規範とは全く無関係」（同、一八三頁）な法規が、第三のそれである。

〈法の事実〉を第一次的秩序とすれば、法規は第二次的秩序ということになるが、両者の関係は固定的なものではない。ここでは、エールリッヒの次の記述に接しておくだけでよいだろう。

「法の事実、つまり既存の慣行・支配・占有・定款・契約・遺言の中で、ある社会が独自に創出した法秩序に、法規によって構成され、裁判所と国家の官庁の活動によってのみ維持されている法秩序が対立しているのである。後者の法秩序によって、法の事実が保護され、形成され、変更され、場合によっては、廃止される限りにおいて、そうした法秩序からも規範行為の規則が生じるのである。そして事実、かかる二つの秩序が含んでいる規範が併せてある社会の法全体をなすのである。」（同、一八三頁）

2　〈法的関係は法規によってではなく、社会によって創造される〉（エールリッヒ）が故に、法を形成する基盤は社会関係であり、法規はそれを材料としてその〈一般性〉を得る、というのが両者の基本的関係である。社会における〈法的関係〉の事実性からまったく遊離した〈立法者の意思〉なるものによる法規や法学的概念の存立という観念は、虚構にすぎない。

〈法の事実〉あるいは〈実生活における法的関係〉を、法の存在の根底に据えるエールリッヒの立場は、〈国家主義的法観〉とは対立する。国家は万能なりとの観念、法は国家によってのみ成立するとのそれ、国家が法を独占すべしとのそれ、あるいは国家領域内には実定法と〈矛盾〉するいかなる法も存在しえぬとするそれ等々は、基本的に、社会と国家との関係を逆転させている。エールリッヒによれば「基本的な社会制度、数々の法的組織――特に、婚姻・家族・氏族・市町村・ギルド――、支配・占有関際、相続、法律行為は国家とは無関係ないしほとんど無関係な形で成立したのである。」(同、三八一頁)

〈法と国家〉の関係を問題とするとき、最低限必要なことは、社会と国家の関係および〈国家の法そのもの ein Recht des Staates〉と〈国家法 das staatliches Recht〉の関係を把握しておくことである。

〈社会の機関として国家が定立した第一次的規範〉としての国家法とは、〈国家の憲法・国家官庁の法・純国家的裁判規範・経済的社会的生活の様々な分野(例えば、教育・商業・財務制度)に関する国家から発した規定〉がそれであり、それらは直接的に実生活を規律する。他方、第二次的規範としての国家法とは、前者の国家法や社会法の保護のために国家によって定立された刑法・訴訟法・警察法のことである(同、一四一頁以下)。これらの国家法は、しかし〈法〉全体の部分であるにすぎず、ましてや社会制度のすべて、行為規則のすべてをおおうものではない。裁判所や官庁が何らかの紛争状態に対して用いる法律や判決内容は、人間生活の常態事に支配的な〈生ける法〉の中の法律的に拘束可能な部分に照明を与えるにすぎない。

3 法社会学は、法の中に社会をみるのではなく、社会の中に法をみるという基本姿勢をもつ。最後に、その一例として、法社会学の自然法観に簡単にふれておきたい。

一見、実生活とは乖離した観念の所産とみえる〈自然法的概念〉すら、あのH・ケルゼンの抽象的な把握の仕方に反して、実生活との具体的な対応関係をもっているということは、M・ウェーバー、E・エールリッヒ両者に共通した点である。

(1) まず、ウェーバーの見解にふれておこう。かれが注目するのは、近代以降の〈契約の自由〉である。

「自由意思にもとづく合理的な契約が——あるいは国家をふくめてのあらゆる社会関係《フェアゲゼルシャフトウンゲン》の現実的・歴史的根拠として、あるいは少なくとも評価のための規制基準として——、自然法的な構成の普遍的な形式原理の一つになったのである。したがって、すべての形式的な自然法と同様に、この形の自然法が原理的にその基礎としているのは、目的契約によって正当に取得された諸権利の体系であり、したがってまた、——経済的財貨に関するかぎり——所有権が完全な発展をとげることによって作り出された経済的な諒解共同体《アインフェアシュテンドニスゲマインシャフト》である。すべての人との自由な契約（原始契約《ウアフェアトラーク》）、あるいは個々の他人との自由な契約によって正当に取得した所有権と、この所有権に対する処分の自由とは、換言すれば原則的に自由な競争は、自然法の自明の構成要素の一つである。」（前掲『法社会学』四八九頁）

共同社会行為としての契約行為と、それの基盤たる諒解共同体という両者の歴史的な事実上の先行性を背景として、契約の自由（自由権）という自然法的観念が生じたということ、つまりそれは単なる抽象的思考の所産ではなかったということ、この点がここでは確認されるべきである。では、他方、ある概念が自然法的〈正当化〉を獲得する基準とは何であるか。これに関わるのが〈事物の自然＝本性 Natur der Sache〉という観念であるが、これもまた単なる抽象性にとどまるものではない。ウェーバーはいう。

「自然法的にみて何が正当であるかを判断する実質的な基準は、『自然』と『理性』とである。この両者は、また両者から選出される諸規則——事象の普遍的な諸規則〔自然〕と普遍的に妥当する諸規範〔理性〕——は、相互に一致するものとみなされる。人間『理性』による認識は、『事物の自然』“Natur der Sache”——今日流にいえば『事物の論理』“Logik der Dinge”——と同一のものとみなされる。妥当すべきもの das Geltensollende が、いたるところに平均的に事実上存在しているものと、同じものとみなされるのである。諸概念——法的または倫理的な諸概念——の論理的な加工によって得られた『諸規範』は、『自然法則』と同じ意味で、普遍的な拘束力をもつ諸規則なのであり、これは『神自身ですら変更することができず』、また法秩序はこれに対して反抗を企てることの許されないものである。例えば、貨幣の中で、事物の自然《ナトゥーア・デア・ザッヘ》と既得権の正当性の原則とに合致するのは、自由な財貨交換を通じて貨幣機能に到達した貨幣、つまり金属貨幣の存在のみである。」（同、四九〇頁）

(2)〈事物の本性〉なる自然法的概念が、実生活における法的関係に由来するという点については、エールリッヒも同様である。

「事物の本性は、実生活から自生的に生み出されてきた国家的組織・社会的組織・経済的組織の諸形態に由来するものであって、それはローマ人のいう自然の理 naturalis ratio であり、彼らがよく言うところの『しかしより衡平であるが故に sed aequius est』『しかしよりよいことであるが故に sed melius est』『しかし彼らの見解がより温情に富んでいるが故に sed humanior est eorum sententia』といった言葉の背後に潜んでいたものなのであって、事物の本性という思想は自然法運動の原動力の一つでもあり、それは自然法の最後の文脈たる『正法』の理論にまで引き継がれているのである。ドイツの普遍法法律学は通常は実生活が創造した社会的諸組織の直接的観照から彼らや立法者が獲得したものを概念へとまとめ上げ、次いでその後、規範を事物の本性から——つまり『概念から』——導出したのであり、それは事物の本性のための、別の技術的表現でしかなかったのである。」（エールリッヒ、前掲、三四八頁）「『事物の本性』ないし『概念から導き出される』規範は、実生活における法的関係を支配する行為の規則であり、それらは実生活の所産であって、立法者ないしその他の規範を定立する権限を有する機関の創造物ではない。」（同、三四九頁）

ウェーバーのあげた〈貨幣〉の例にみられるように、事物の本性とは抽象的なものではなく、実生活の中で妥当性を得ている概念である。また、〈自然の理〉にしても、実生活の中の日常言語によって表現可能な法的関係との結びつきをもっている。以上の引用から指摘しておくべきは、当面、この二点である。

5　社会的素材としての法的関係

〈生ける法〉は、それが裁判規範・制定法・判決等に規定的に作用するか、あるいはそれらの中にそれが表現されているか否かにかかわりなく、人間社会の〈法的秩序の基礎〉として、それ自体において固有価値をもつ。これがE・エールリッヒの基本的見解であった。慣行・定款・契約・相続・遺言等によって表現されている法的諸関係（社会的諸関係）の〈内部秩序〉の事実性（あるいは事実問題）のうちに、生ける法は存在している。その〈内部秩序〉は、行為の一般的規則という具体性において第一次的秩序をなすものであった。

法は、この第一次的秩序としての法的関係からその素材を得るのであって、法みずからがその素材を生みだすのではない。社会的素材としての法的関係（法律的関係ではない）から法は自律的ではないし、また、法外的規範からも自律的ではない。この点を、V・ペシュカはその『現代法哲学の基本問題』（天野和夫監訳、法律文化社）の中で、「法は自己固有の歴史をもたない」（三三〇頁）と表現している。[1]

ところで、現代の法思想の基礎的なあり方を概観しているここで、マルクス主義法学に関説することは一つの義務であろう。当面、上掲のペシュカの著書を手がかりに、マルクス主義法学の基本的見解に一瞥を投じておきたい。

1　マルクス主義法学が法社会学的色彩を強くもつことはいうまでもない。とはいえ、それが〈基本的問題〉として取りあげる論点は、さほど特殊ではない。存在と当為、自然法と実定法、法と価値、法と正義、制定法と裁判官法、法の存在論的基礎づけ、これらのテーマが、ペシュカの関心事である。ペシュカが批判の主たる対象とする〈現象学的法哲学〉や〈実存主義法哲学〉についてのペシュカの思想的見解は、G・ルカーチがその『理性の破壊』

の中で示したそれの域を出ていない故に、ここであらためて取りあげる必要はないであろう（〈非弁証法的〉〈非合理的〉の文字を安易に用いることは、それ自体、批判停止を意味する）。

すでにみたH・ケルゼンの〈存在と当為〉の峻別化は、両者の関係が〈論理的〉差異に即してみられることにおいて可能であった。〈あるものが存在する〉と〈あるものが存在すべきである〉との関係を、単なる論理的差異性の観点からではなく、人間行為の社会性（現実性）の観点からみるとき、前者の現実性（存在）が、後者の可能現実性（当為）を惹起する、という形において、両者の差異性は結合関係における〈差異〉の形態を得ることになる。ペシュカによれば「法規範の構造的本質的特性とは、法規範が指図、要求および可能性を包摂していること」（前掲、二〇頁）にある。〈存在〉とは、人間の事実上の具体的・個別的行態であり、〈当為〉とは、それの特殊抽象的あるいは特殊類型的な〈反映〉をその実質とする。この〈反映〉の概念――ペシュカは、それが機械的模写的反映でない旨、力説する――こそ、存在と当為の二律背反的対立関係を実質的に架橋する存在論的基盤をなすものである。

〈存在〉と〈当為〉との間に、単なる機械的模写的反映の関係が存するにすぎないのであれば、〈存在〉を反映する〈当為〉は、それ自体、存在的なものとなるだろう。また、両者の関係をその〈論理性〉に関してのみ取りあげるとすれば、もともとその関係に〈反映〉という事態は生じえないであろう。両者の関係が〈社会的〉であるが故に、〈反映〉の概念が意味をもつことになる。ペシュカにおいては〈存在〉とは、社会的現実のことである。そして〈当為〉はそれを反映する。むろん、〈反映〉は、〈存在〉と〈当為〉とを同一化するものではない。〈反映〉はむしろ、両者の〈隔たり〉の中で発生し、かつ、その〈隔たり〉の保持を本質的に含意している。

〈存在〉としての社会的現実は、「特殊な仕方における主体の創造的・積極的活動によって」（同、三〇三頁）法的客観化を蒙り、かつその中に自己を反映する。反映関係の社会性と法の社会性は、同根源的である。反映とは、反映されるものの、機械的・複写的な、また完全な〈模写〉のことではない。この点を、ペシュカは次のようにいう。

「法規範と法現象は、われわれが単純に強調し複写として模写し、もしくはさらにもっと単純には、ただ法として認識しなければならない社会生活や社会諸関係のなかに、完全に与えられているわけではない。経済諸関係および社会諸関係の法における表明、反映は、はるかに複雑な複合的な過程である。法は単に国家すなわち法創造者の任意の内容の恣意的規定、規範ではなく、しかもまた社会的・経済的諸関係のなかに所与のものとして完全に持ち合せている諸規範の総体ではない。」（同、三〇二〜三〇三頁）

2　ところで、ペシュカの『現代法哲学の基本問題』の特色が最も鮮明な形であらわれるのは、その第六章「法の存在論的基礎づけ」においてである。現代哲学の認識論から存在論への移行の影響が、現代法哲学にも出現したことを受けて、ペシュカは〈反映論〉に依拠しつつ、〈法の存在論〉を批判する立場を表明している。法の存在論的研究とは、ペシュカによれば、「実定法現象の概念的、形式的、論理的叙述をやめ、実定法の枠を越え、そして法の基礎、その内容の源泉を実定法の外に求め、しかも同様に法の位置を、実定法の外に存在する諸関連のなかで規定する」（同、二七四頁）ようなそれである。それに反し、ペシュカのいう〈反映論〉とは、社会的・経済的諸関係をいわば物象化的に固定化させた上で、それの直接的反映が〈法〉として現象するといった機械的複写的反映論とは異なるところの、つまりは、主体性＝主観性のモメントを法創造活動の実践的担い手として位置づけることを含む〈反映論〉である。

M・ハイデガー（*Sein und Zeit*）、G・フッサール（*Recht und Zeit*）、A・カウフマン（*Die ontologische Struktur des Rechts*）、W・マイホーファー（*Recht und Sein*）等々が〈存在論者〉として批判の対象とされ、逆に援用の対象とされるのが、主として初期マルクスである。法の究極的規定要因は、社会におけるそのつどの支配的な生産・

経済諸関係の中に認められるべきであり、それ故に〈法の社会性〉とは別に〈法の本質性〉をさぐる試みは空虚な抽象性に陥る。これがペシュカの論旨である。しかし、注目してよいのは、このマルクス主義法哲学の一般的構図の方ではなく、ペシュカがK・コシークの『具体性の弁証法』（*Dialektik des Konkreten*, 1963）をへた後で、〈反映論〉を唱えている、という点である。〈客観性〉の物象化的崇拝の拒否、これがコシークのマルクス理解の原点である。

K・コシークの問題意識の中心は、社会的現実の物象化的な二極分裂は、それを支える人間の〈実践的〉契機を軽視することに由来する、という点にある。

「近代の資本主義社会では、社会的現実の主観的要素が、客観的要素から切断された。両側面は、ふたつの独立な実体《ズブスタンス》として、相互に尖鋭化した。こちらの側にたんなる主観性、あちら側に物化した対象性〔die verdinglichte Gegenständlichkeit〕。そこから二種類の欺瞞が生ずる。一方は諸関係〔Verhältnisse〕の自動機構《オートマティズム》、他方は主観の心理主義化と受動性。社会的現実は、しかしながら、諸関係や諸状況よりも無限に豊かで具体的である。なぜならそれは、諸関係と諸状況を創出する人間的対象的実践をふくむのであるから。諸関係は、社会的現実の固定した諸側面である。人がそれを人間的実践から、人間の対象的活動から分離するやいなや、それは硬化した、生命のないものになる。」（花崎皋平訳、せりか書房、一四七頁）[2]

人間存在を単なる意識作用へと抽象的に還元することと、人間存在がそこにおいて対象性を得る〈諸関係〉を物象化的に固定化することは、〈社会的現実〉の具体性を主観性と客観性の両側面へと抽象的に（虚構的に）分割することを意味するだけでなく、それはまた、人間存在そのものの〈分裂性 Zerspaltenheit〉という事態を不可避のものとする。人間存在そのものの虚構化と、人間と社会的現実との〈関係〉の虚構化とは、相互に対応関係をもつということ、これがコシークの指摘せんとする点である。客体としての社会的現実に絶対的な能動的主体性を虚構的に付与することによって、人間存在の主体性は単なる〈意識作用〉に還元され、かつ同時に、その〈意識作用〉そのものも受動的な客体性の地位に、虚構的に転落させられることになる。この二重の虚構化によって、人間存在の主体的・実践的活動性が、またもや人間から虚構的に剝奪されることになる。だが逆に、人間存在の〈対象性〉を無視して、人間を絶対の〈主体性〉とみることも虚構である。

〈物象化〉の現象は、〈客観性〉物神化（fetishism）であれ、〈主観性〉物神化であれ、虚構されたものの虚偽的絶対化のみられるところには、どこにでも出来する。〈法〉に関していえば、本章冒頭にあげた『法と社会の変動理論』（二〇頁参照）にみられる〈応答的法〉に対立する〈抑圧的法〉や〈自律的法 antonomous law〉は、物象化の現象である。「抑圧的権力の召使いとしての法」（抑圧的法）と「抑圧を馴致し自己自身の完潔性（integrity）を護りうる分化した制度としての法」（自律的法）との比較においては、後者がより物象化の度を高めている。具体的には、法実証主義の〈法〉がそれである。

「法の支配モデルにおいては、法秩序は、階統的で単一的なものとして考えられている。法は国家法と密接に同一視され、国家は公務担当者たちの一枚岩的な階統秩序と同一視される。そこで法理学が追求するのは、命令の明確な連鎖と究極的権威の精確な在りかとを立証するような法体系理論である。法規範の『血統書』と、政治的主権者に対する法の究極的な従属とを強調することによって、法実証主義は自律的法の精神を見事にとらえているのである。」（『法と社会の変動理論』一四一頁）

国家物神主義と法物神主義の結合態、それが自律的法の実質である。

3　さて、ペシュカの『現代法哲学の基本問題』に戻ろう。ペシュカの法理論の基軸は、法内容の社会的被制約性という点である。「法的内容は、社会的被制約性の無視あるいは侵害、すなわち任意や恣意にもとづく法内容の形成が法の妥当や実効性を疑わしめる程度に、社会的に決定される。」（同、三一四頁）この文章がH・ケルゼン流の法実証主義への批判を含意することは明らかである。法の妥当と実効性の関係は、実効性のない妥当でも、また妥当のない実効性であってもならず、両者の有意義な結合は、法内容が〈社会的被制約性〉のもとにある場合にのみ保証される。法実証主義は、法の妥当を〈国家意思形態〉と〈国家権力の実定性〉に還元しうると説くが、これはペシュカによれば、法の妥当性をその〈直接性〉〈外見性〉において表明しているにすぎず、法の妥当を構成する諸要素・媒介的諸モメントを無視するものである。では、それらの構成要素とはなにか。「国家権力によって保障された国家意思の形式、法のうちに表現された意思の主体の社会的特殊性、したがってまた社会において支配する階級および法の実現、実効性、である。」（同、三一五頁）

ペシュカによれば、法の存在論は、実効性のない妥当に傾き、法実証主義は、妥当のない実効性に傾く。ペシュカの〈法実証主義〉批判は、単なる批判に終わるものではない。それを通して自己の〈法思想〉を展開している点が重要である。ペシュカはいう。

「国家権力によって支持された国家意思の形態はあらゆる社会的内容を普遍妥当な法として説明しうる〔事実、法実証主義はそうする、の意――筆者〕。この恣意的、主観主義的な法内容が法の効力にかかわるのは、その直接性においてではなく、ただすでに言及された〔上記の〕媒介的諸モメントを通してのみである。しかし社会的・経済的諸条件に矛盾し、それらを無視する内容をもつ法は、遅かれ早かれ、しかも結局、常にその効力を失う。」（同、三一七頁）ペシュカによれば、国家権力に支持された国家意思の形式は、法の妥当のための諸モメントの一つにすぎず、それのみの直接的効力に依拠するのは〈主観主義的〉である。法の妥当に関して、より重要なことは、「それが社会の諸個人と普遍性の媒介的役割を果たすことができる社会的特殊性を事実上、代表しているかどうか、それに加えて、いかにして法は社会的広がりと社会的普遍性において妥当するか」（同、三一六頁）という点である。

とはいえ、そこには重大な問題点がひそんでいる。「法の本質的内部矛盾として定式化された弁証法的緊張、すなわち、法の中に表わされた社会的内容の特殊性と法規範の妥当の普遍性との間に存する緊張」（同、一三〇頁）が、それである。むろん、社会的特殊性とは、個々人（個別性）の遵守されるべき〈行態様式〉の評価の基準となる〈支配階級の利害と意思〉という特殊性である。そしてまた、ペシュカのいう法規範の妥当の〈普遍性〉とは、自然法的な普遍性でもなければ、論理的なそれでもなく、まさに〈社会的〉普遍性である。

ところで、普遍性と個別性との関係の媒介項としての特殊性を、まさに〈階級意思〉という特殊な内容によって規定するマルクス主義弁証法の図式を、〈ブルジョア的法理論〉の非難のために用いているのではなく、社会主義国一般における〈実定法〉の形成のための積極的要素として活用している、という点には特に留意しておくべきである。そこには、〈法の世界〉から国家物神主義の物象化を排除せんとする意図さえみえる。「法の妥当を専ら国家意思形態および国家権力の実定法に還元する実証主義的法律観」（同、三一七頁）は、ペシュカの批判の対象であった。ちなみに、この点はE・エールリッヒも同様であった。「国家によって法規範として定立された規範のみを法規範だとする今日支配的な法に関する見解」（前掲『法社会学の基礎理論』一四六頁）が維持されえないのは、国家から発生した国家法は、国家外法を含む法全体の部分を占めるにすぎないからである、と。また、社会全体における上位・下位との諸組織の相互依存性、それらを構成部分とする全体社会の統一化の進展、そしてこの構成部分に対する全体の〈依存性〉、これらの点の結びつきに〈一般的合意 consensus, universel〉や〈社会的合意 social consensus〉の発生源があるが、それを国家的合意となすところに、法の〈国家化〉の原因がある、と。しかしながら、注意すべきは、両者において問題になっているのは、国家の存在の是非でなく、あくまでも〈国家と法〉の関係における国家の役割に関してである。

6　法の真の問題とは何か

マルクス主義法哲学のプロブレマティークをみるためにも、なおしばらくペシュカに言及しておこう。

法は、支配階級の法として、その階級の〈普遍的意思〉（特殊）を、国家意思（社会的普遍）として表現する、という構図は、その細部において三重の〈矛盾〉をかかえている。(1)支配階級の法の特殊性が実在的な普遍的妥当性をもつことと、その階級構成員たちの個別性との間の〈普遍と個別〉の関係、(2)法の階級的・内容的特殊性と、全体社会における全構成員の個別性との関係、(3)特殊でありつつ規範的普遍性をもつ法の潜在的普遍性と、全体社会の実在的普遍性との関係、がそれである。ペシュカによれば、〈支配階級の事実的一般的意思〉という特殊が、法規範の規範性を通して、個人と社会の関係を客観化する媒介項をなす、という意味において、その特殊意思が法規範の〈不可欠の条件〉である。法は、個人と社会との間に〈関係〉を樹立する媒介的保割をもつという点にその意義がある。これがペシュカの所説の骨子である。「法規範は、論理的に真でも偽でもありえない。」（前掲『現代法哲学の基本問題』八二頁）それは、個人と社会との関係において、まだ現実的でないものを現実化するための手段のごときものである。規範の要求的性格は〈意思〉という表現の中に、すでに顕著である。だが、もう少し細部に立ち入っておこう。

1　ペシュカのマルクス主義法哲学のクリティークを行なうには、K・マルクスの『ヘーゲル法哲学批判』（〈マルクス＝エンゲルス全集〉第一巻所収、大月書店）やH・ケルゼンの『マルクス主義法理論の検討』（〈ケルゼン選集〉2、所収、木鐸社）への言及は不可避である。だが、これまで通り、論評的な記述はひとまず避けて、ペシュカの問題意識に接することを主としておこう。

ところで、ペシュカによれば、法の本質性は「経済的・社会的諸関係によって、より正確には、支配する階級の意思が代表するところの、一般的社会的効力を国家的に有する、法的形態において表現されたあの社会的特殊法」（前掲、三三一頁）のうちにある。それゆえ、法は法創造者の任意性や恣意性、主観的願望等には依存していない。問題はむしろ、階級意思の内容の社会的特殊性が国家意思のみならず普遍的妥当性を得ることの可能性、法に関していえば、階級意思の特殊性が、国家意思の形態において〈法〉として客観化・対象化され、かつ、その法の対象性が社会的普遍性のみならず、普遍的妥当性を得ることの可能性、のうちにこそある。法内容の特殊化と普遍性の関係と、法妥当の形式性と実質性の関係という二種類の〈関係〉の統合性という課題、これがマルクス主義法哲学に固有のものである。階級意思が〈法〉の形態において国家意思として、しかも社会的に客観化されうるのは、いかにしてであるか、換言すれば、階級、国家、社会との関係において〈法〉は、発生問題としても構造問題としても、いかなる存在意味を獲得し維持するか。かつ、この問題を評価問題とするか、それとも妥当問題とするか。この問題は、階級や国家の概念が、〈実体化〉される傾向にある限り、アポリアにとどまる。この点は、ペシュカに即してではなく、フランクフルト学派の社会哲学者、J・ハーバーマスに即して、後に、論評的な言及を行なうことにしよう。

2　さて、それでは、ペシュカは〈法〉の存在性格や存在意義をいかなるものとみるか。法は「人間の日常的な直接的に実践的な目標とその実現の間に組み込まれた特殊な媒介的手段として、人間社会の発展過程のうちに、成立する」（同、三〇七頁）ものであるが、それはしかし、任意に創出・制定されるものではないし、また、日常生活における人間の具体的行態を直接的に反映する形で成立するものでもない。それらの日常的具体的行態は、その社会的効果に関しての社会的評価に即して、社会的に客観化される。それによって得られた行態の類型性が、法規範の社会的一般性やその一般的妥当性と結びつくことによって、法規範は、日常生活における個々の肯定的あるいは否定的行動や個別事例とは〈隔たり〉を保つことになる。だが、この〈隔たり〉は、いわば直接的なそれではない。まさに〈意識性〉と〈被制定性〉とによって媒介された〈隔たり〉である。

「客観的現実は、法のうちに、正しい意識かそれとも誤っているかによって、いずれにせよ、意識的に制定されている。」（同、三〇九頁）これは平凡な記述ではあるが、ペシュカにとっての〈隔たり〉の構造契機を意味するものとして、書き留めておく価値はあるだろう。行態の個別性と規範の一般性との論理的へだたり、法の世界における自然法と実定法との異種的へだたりや、制定法と裁判官法との機能的へだたり、また同様に、法規範と道徳・宗教規範との多元的へだたり、さらには、社会的現実や意識や制定法そのものの歴史的変化という歴史的へだたり等々の異質の〈隔たり〉のあることをペシュカは承認する。とりわけ変化は重要視される。例えば、「法規範・法制度・法関係の価値が、絶えずその社会的・歴史的内容に従うということ」また「秩序・安定性・正義という価値が、その時々の社会的内容によって規定されるということは、ほとんど疑いえない」と（同、一七三頁）。

だが、絶えざる変化の中でも、不変にとどまる構造的へだたりともいうべきものがある。個・特殊・普遍の〈関係性〉そのものの内在的・構造的へだたりがそれである。客観的現実の個別性、階級の一般的意思（意識性）の特殊性、法規範の妥当的普遍性、という三項の間にみられる構造的へだたりは、ペシュカによって〈内的矛盾〉と称されるものである。その三項の内容は変化する。だが、その〈内的矛盾〉は構造的に不変である。また、その〈内的矛盾〉のうちには、単なる論理的な錯誤ではない〈実践的〉なそれも含まれる。

3　ところで、上の三項の歴史的可変性と、その三者関係の〈内的矛盾〉性という構造的不変性とに関する限り

――というのは、ペシュカもまた三者の〈合力〉のうちにその内的矛盾性を〈解消〉せんとする意図ないしは、要請から自由ではないからである――、ペシュカは〈同一性〉信仰をまぬがれている、というべきであろう。法体系の形式的かつ論理的整合性の〈完全性〉を求めるケルゼン流の法実証主義、絶対の正義・善から演繹されうるものとしての自然法的な法体系、〈存在〉全体の秩序性のうちにその位置をもつ部分秩序としての存在論流の法体系――これらは、実質的に〈同一性〉信仰の所産といってよいだろう。この観点は、明示的にではないが、ペシュカにもよみとれる。つまり、〈同一性〉を拠点・原理とする思想は、そのこと自体において批判の対象とされるわけである。

ペシュカのいう現代法哲学の〈基本的問題〉つまり、存在と当為、実定法と自然法、法と正義、制定法と裁判官法等々のそれぞれにおける〈関係問題〉についてのペシュカの見解にはさほど新味があるわけではないが、しかし、ペシュカの批判的姿勢の背後にみられうる〈同一性〉拒否の態度には、注目してよいだろう。西田幾多郎の〈絶対矛盾の自己同一〉の観念を思想的土壌とした経験をもつ場においては特に、である。主観・客観の絶対矛盾を〈我〉において自己同一化する方向、政治における左・右の絶対矛盾を〈国体〉において自己同一化する方向、これらは周知のように西田流の〈同一性〉が機能した方面であった。今日では、貨幣や技術や記号の〈同一化〉機能がそれに加わるであろう。すでにみた〈役割同調化〉も、その一種であった。また、個別から独立した法のもつ一般性や普遍性が各個別の〈同一化〉機能をもって個別に逆作用する点も、法のプロブレマティークとして無視しえない。この点は、ペシュカが不問としているだけに、ここで指摘しておく必要があるだろう。

4 さて、ペシュカの見解を通してみたマルクス主義法哲学の特色は、ほぼ以上につきる。それを、次の文章を手がかりに、かつ、新たな引用を加えて、以下に要約しておこう。

「マルクス主義法哲学思想の本質的なことは、法がその基礎である生産・経済関係ではかられるべきであり、正しさや価値、または法の不正（Unrichtigkeit）や無価値が、法規範や法制度がどれ程生産・社会関係を表現しそれに一致しているか、また、どの程度経済的土台の安定・発展に寄与しているかという状況によって決定されるということに存する。」（同、一五五〜一五六頁）

(1)いわゆる〈全法的上部構造〉（法制度・法的諸関係・法創造と法適用）は、経済的土台の〈発展〉に寄与するという具体的な実践的任務・目的をもつこと、そこに〈法〉の機能も使命も存する。(2)そして、具体的には「法の社会的・使命は、まさに規制されるべき社会的諸関連の一定の方向と仕方における形成および実現を、所与の状況における行態の規定によって保障するという点にある。」（同、三〇五頁）(3)しかし、すべての行態が法のうちに規定されるのではなく、その評価基準には、階級意思の特殊性が関与する。(4)その場合、「法規範の価値は、それがどの程度までその社会的・歴史的具体性において人間の「マルクスのいう」類的本質の実現に寄与するかに依存する。」（同、一七四頁）

これまでに主として取りあげた法思想家は、H・ケルゼン、N・ルーマン、M・ウェーバー、E・エールリッヒ、V・ペシュカであった。社会生活における〈法〉の位置づけや、その性格規定の理解の仕方が、記述の主要な対象であった。ケルゼンの客観主義（外的視点の優先）とウェーバーの主観主義（内的視点の優先）という方法論上の〈差異〉や、またマルクス主義に依拠するか否かの思想的立場の〈差異〉といった異質の差異性に応じて、〈法〉もまたその存在性格を異にして現象する。〈法の同一性〉が実体化的に信仰される——自然法論的にであれ法実証主義的にであれ——限り、それらの〈現象〉は仮象とみなされて、その現実性を剥奪されることになる。〈法が問題とされるとき、ほんとうは何が問題となっているのか〉、この〈ほんとうの問題性〉に〈同一性〉を仮定すること、これは、法の問題に同一性を設定すること以上に慎まねばならない事柄である。プロブレムの問題性とプロブレマティークの問題性とは異質である。「差異を排除して同一性を宣告することは、経験に終止符を打つことである。」（G・バシュラール『持続の弁証法』）この警告を生かす場所をあやまってはならない。

第5章　H・ケルゼンと現代

1　討議による根拠づけ

ケルゼンの〈純粋法学〉の地盤たる〈意味〉の問題次元に一瞥を投じることに始まって、いま、有名な〈ハーバーマス―ルーマン論争〉にまで達しているが、これを同じく〈意味〉に焦点を合わせる形で覗うことにしよう[1]。

さて、ハーバーマスの志向が行為規範の妥当を根拠づける方向にあるとはいえ、それはあくまでも〈討議〉に依るそれであって、コミュニケーションの封鎖による虚構の正統性信念は規範妥当の根拠とはなりえない。この点は注意を要する。「規範が基礎づけられ得るという要求は、規範体系を正統化する世界像によって充たされる。一方、これらの世界像の妥当性は、それはそれで、ある種のコミュニケーション構造において確立される。すなわち、すべての言語外的表出を言語という媒体へと変形することを禁じ、かつまたコミュニケーション行為から討議への柔軟な移行をも禁じることによって、討議による意志形成を不可能にするようなコミュニケーション構造がそれである。責任能力を互いに相手に負わせることを正真正銘の虚構にしてしまうコミュニケーション封鎖は、同時に、それが虚構であることを見ぬけなくしたまま保持する正統性信念（Legitimitätsglaube）を支えている。」（S. 120. 同

〔上〕、一四五頁）。これは勿論ハーバーマスの言であるが、ここに明らかなように、禁止や抑圧として機能する閉鎖的コミュニケーション構造は〈行為規範〉の根拠づけの資格はもたない。いかなる規範をいかなる理由によって正当とみなすかを各自の責任ある討議のうちに根づかせること、それがハーバーマスの〈妥当要求〉の内容である。行為主体に〈反事実的に〉責任能力を予料しつつ想定する〈理想的発話状況〉は言語的相互主観性の成立を〈討議〉に即して現実化せんがためのものであった。討議の場で妥当要求される規範は言語や言論を介した〈普遍性〉を備えることを要求される。勿論、ハーバーマスにとって普遍性とは、個人の〈自律性〉を保証する概念である(2)。

ところで、意味を言語以前的な場面で捉えるか、それとも言語的相互主体性との関連のもとで捉えるかは、周知のように〈ハーバーマス―ルーマン論争〉の一つの争点であった。この〈論争〉で意味をより重視しているのはルーマンの方である。ここではまず、ハーバーマスの〈意味〉観をみておこう。意味の意味は「意味が間主観的に共有されるということ、つまり意味は発話し行為する人々の共同体《ゲマインシャフト》にとって同一（identisch）でありうる」（S. 188. 同〔下〕、二三二頁）という点にある。意味は日常的コミュニケーションと結びついたものであり、間主観性の基礎を超絶した〈孤独な主体〉のモノローグ的体験のうちに閉ざされてあるものではない。ハーバーマスは更にいう。「意味は相互に承認しあう諸主体の予期の相互反照的関係のなかで、同一的な意義として形成される。何かについて了解しあえるためには、諸主体は間主観性のレヴェルで互いに出会わなければならないが、このレヴェルは可能な談話の構造に結びつけられている。意味は間主観的な妥当性なくしては考えられない。それゆえ、意味はつねに記号のなかで自ら現れなくてはならない――従って、言語以前的（vorsprachlich）な意味なるものは、同一の意義というように厳密に解されるなら、存在しえない。」（S. 194-195. 同〔下〕、二三九～二四〇頁）。ハーバーマスにとっては、意味は、間主観性（Intersubjektivität）のレヴェルに存し、前言語的な〈体験の主観性〉の中で構成されるものではない。意味は記号の同一的な意義性、記号的意義の同一性とおなじレヴェルで把握されている。

ハーバーマスは「意味《ジン》は間主観的な妥当性なくしては考えられない」という。だが、意味と間主観性と妥当性の三者関係はハーバーマスのいうほど自明なものではない(3)。

さて、意味の問題は間主観的なコミュニケーションの〈言語規則〉の問題よりも深いというのがルーマンの立場である。ルーマンにとって意味は鍵概念である。

(1)「意味は確かに間主観的に構成されるが、しかしもっぱら言語だけで構成されるのではない。むしろ意味は、言語過程には解消されえない、知覚過程（他者の知覚の知覚をふくめて）を含んでいる。有意味《ジンハフト》な体験と行為は否定作用（Negieren）と潜在化（仮想化）作用（Virtualisieren）という能力に基づくのであり、これらの能力は言語以前の起源をもち、あらゆる記号形成（Zeichenbildung）においてあらかじめ前提されているものである。〈パン〉という語の使用は実際、この語をパンそのものから区別できることを前提にしている(4)。」

これは、意味の構成を、間主観性のレヴェルから離して〈前言語的〉に体験の主観性の中に求める傾向をルーマンがもつとのハーバーマスの批判に、ルーマンが答えたものである。〈意味〉構成という点においては行為よりも体験が優位を占める。体験の〈他の諸可能性〉の増大を意味する複雑性と、意味との対応関係がルーマンの関心事である。他方またルーマンは〈間主観性〉の意義を認めつつも、一般に対象性の構成の基礎づけの役割にとどまる類のそれを、否定する。

(2)「人間の共同生活における世界の有意味的構成は行為の妥当性要求の基礎づけによるのではなく、むしろあべこべにその基礎づけ可能性、いや基礎づけについての問いや関心のほうが間主観的世界構成に依拠しているのである。従って間主観性は、いっさいの（基礎づけえない意味をも加えた）意味の社会的次元としてより抽象的に、いわば基礎づけから自由に把握されなければならない。この概念の広がりはシステム観念（Systemgedanke）による心的システムと社会的システムの二重の導入を規定可能的な諸可能性の限定と構成の形式として必要とする。

有意味的《ジンハフト》体験において必然的に示される間主観性のこの把握のなかに、他者の共同体験（Miterleben）、他者の諸予期、他者の予期の予期、そして他者の話し方の徴候はまぎれもなく入りうる。もちろんそれとともに討議（Diskurs）は間主観性そのものの含意（Implikation）の説明としての位置価（Stellenwert）を失う。討議は、意味の解明、特に実践的妥当性要求の解明に資する、一つの特殊な社会的システムであると考えられうるにとどまる。[5]」

必然性と不可能性との不在状況、それが複雑性と不確定性の状況性であるが、そこに意味の足場を創出し、それを拠点として不定の状況性と接触すること、それがEr-lebenであった。〈意味〉は主観から流出する派生的観念あるいは主観が対象に向かって付与する観念の形ではない。「意味《ジン》は行為のもつ属性（Eigenschaft）であるかのようにみなされ、他の諸可能性の世界（Universum）からの選択とはみなされていない」（S. 13）とルーマンはいう。ルーマンにとって意味は、人間の体験の秩序形式あるいは体験処理の形式《フォルム》であった。体験の〈内在的超越性〉とよばれる事態は、体験自体の中に生じた〈他の諸可能性〉へと体験において指し向けられていることを意味するが、この体験の事実的なアクチュアリテートと、体験内在的な〈他在〉の可能性との統合的処理が〈意味〉の場で生ずることになる。意味の機能は、かくして、他の可能性の指示と他の可能性への接近の制御の点にあることとなる。体験における或る出来事（Ereignis）が或る事態として現出すること、そこには否定性や肯定性のもつれ（Aでないことにおいてあ、あるいはAである可能性はないことにおいてBであるほかはない、といった相互反照関係）が介在している。体験における事態性とは、体験そのものの事態性であり、それはまた、その体験が〈ほかならぬ〉これ、という可能的性質を、対他的に獲得している事態でもある。

他者の観点を仮設するときに〈予期〉の総合が成立しえるように、他でありうる可能性の観点からの注察なくしては、これとしての或る〈事態〉の総合化はありえない（ルーマンのいう〈仮定の権限〉の問題は残るが（S. 65））。他でもありうる可能性の彩色を帯びた〈意味構成〉の体験が〈経験 Erfahrung〉の概念よりも広さと厚みをもつのは、それが他在可能性の地平ともいうべき世界と関連していることによる。(6)

2　法の認識論の固有性

ところで、ケルゼンの〈純粋法学〉は実定法の理論のためのものであった。N・ルーマンの〈縮減 Reduktion〉の理論もまた実定法との関係をもつことは、例えば、次の表現に明らかである。

「システムが複雑になるにつれて、行為（Handlung）として体験されるが体験（Erlebnis）としては体験されない、選択の様々な働きの領域が増大する。なぜならこれらの選択はいまや諸システムのなかで制御されるからである。例えば、法の意味領域はもっぱら体験可能な、真理をまとった意味構造を計算可能な、行為に基礎づけられた実定性へとこのように変換する事態を例示している。その他の領域でも他者の体験された行為の部分が、共通《ゲマインザーム》体験（Erleben）の部分を押しのけている。」（S. 78. 同〔上〕、八三頁、傍点筆者）。

ルーマンは、体験と行為の区別に立脚しつつ、法の意味領域においては実定法の実定性が行為の〈計算可能性〉のシステムへと変形したこと、これは総じて意味構成的な〈体験〉が〈行為〉によって押しのけられる事態の一例であること、を指摘しているのであるが、この種の議論はケルゼンには欠落していた。(7)

ルーマンの捉えた〈体験と行為〉の連関性というテーマは、ハーバーマス流にいえば〈生活世界の合理化〉の問題となる。ハーバーマスにとって生活世界の合理化とは、そこでの妥当性の合理化を意味したが、ルーマンにとっては、体験処理の問題、行為による体験の図式化＝透明化のそれを意味した。〈目的—手段〉関係の方法的合理化によって問題を技術的に処理可能なものとするという技術合理主義が、共同体験の場から〈妥当性〉を追いはらうという危険性は常に存在する。ルーマンもまたその危険性に鈍感ではなかったが、結果的には意味関連的な予期構造の安定的存在妥当性を優先させることになっている。規範性が行為の技術的な予期可能性の規則そのものと化すにつれて、それは体験の場とのつながりから遊離して、ますます行為の外面性の〈真―偽〉二項図式に依存するものとなる。

法は、例えば〈殺人〉をその規範内容から排除することはできず、したがってそれをむしろ技術的に受容し処理する。つまり、予期構造としての法体系に予期的に組みこまれた一定の位置をそれに付与することによってそれを共通体験の場から引き離す装置として、法が機能する可能性がそれである。ルーマンは法の規範性が強まることとそれの技術化の進行とが並行しうることをこう表現する。

「意味《ジン》は、幻滅事例にたいして期待〔予期〕の固執が企画される程度に応じて、従って学習が締めだされる程度に応じて、規範的になる。規範とは、反事実的に（kontrafaktisch）に安定した期待であり、これらの反事実的に安定した期待は、行動期待の次元でも期待の期待（Erwartungserwartung）の次元でも同じように、幻滅事例のシンボリックな、信用を失わせる含意から保護される。意味《ジン》は、体験操作が有意味的《ジンハフト》指示の共同遂行（Mitvollzug）から――いわば世界の共同思考（Mitbedenken）から――解除され、かくして或る抽象的に特殊化された一連の選択の手はず（例えば或る数学の計算とか或る芸術作品のコンポジションの手はずとか或る目的に方向づけられた手段選択の系列）をふむことができる程度に応じて、技術的（technisch）となる。そのさいこれらの選択の手はずは、他の諸可能性の顧慮されないままの地平によって惑わされるとか、危険にさらされることはない。従って規範性と技術性は、可能性の条件を最終的には意味を構成する体験のうちにもつ。」（S. 65-66. 同〔上〕、六九頁）[8]。

ところで、ハイゼンベルクの〈不確定性〉原理の理論にもケルゼンは注目している（"Causality and Impution" 1950）。観察の厳密性にもかかわらず観察行為そのものが観察対象に変化をもたらし、その現象の因果連関の認識を曇らせるという物理学上の問題がそれである。勿論、これは因果律という認識論的要請の妥当性そのものを無効とするものではない。それが感性的知覚のカオスをコスモスへと変換する意義をもつことをケルゼンは十分に容認している。法定立の恣意性（ケルゼン）も法の存在理由やその認識根拠の不確定性と切り離しえない。既述のように法領域には絶対的な直接的に〈明証な〉事実というものはなく、権限ある権威が法秩序で定められた手続で認定した事実のみが存在する、との考えにケルゼンは立つ。認識者の関心の方向、その方法論、認識対象の選定、その認識結果の解釈といった一連の要素をもつ〈認識装置〉が、いかに認識作用にとって不可避的に本質的であるか、この点はすでにM・ウェーバーがその〈客観性〉論文（前掲『社会学論集』参照）の中で示している。ケルゼンの認識論はほぼウェーバーのそれによっているといってよい。

無限の現実の連鎖から〈知るに値する〉という意味での本質的部分が認識の対象であり、それにカテゴリーの論理的加工をほどこすことが、妥当的判断をもたらす認識作業の内容をなす。換言すれば、「いかなる概念体系も、われわれの知識やそのときどきにわれわれが利用できる概念用具のその都度の状況を踏まえて、われわれが自分の関心の範囲内にその都度ひきいれた事実のカオスに、秩序をあたえようとする試み以上のものではない。」つまり、認識の〈主観性〉は認識の前提をなす、ということである。[9]〈目的—手段〉の連関、〈原因—結果〉や〈動機—行為〉のそれも、秩序化志向の方法的に合理的な装置要素であるが、ウェーバー的にいえば、合理的な概念装置は、実際には非合理的要素を含む或る経過の主観的に合理的な諒解装置たるの域を出ない。全体としては無限の因果連鎖の束としてのカオス的〈現実〉のうちから、一定の関心（inter-esse）にもとづきつつ、何が知るに値するかを判断するその認識前提的な主観性、また、いかなる概念を選択してその〈現実〉から、いわば第二の現実としての論理的に加工された〈秩序現実《コスモス》〉をつくりだすかにあたっての、その概念選択の主観性、さらには、概念化・加工化された第二現実とそれ以前の〈現実〉との間の距離設定（両者のズレの幅）の仕方そのものの主観性、これらが当の概念的認識装置につきまとう限り、認識の客観性は不確定的である。新カント派的ウェーバーの認識論に典型的なこの不確定性の意識に、ケルゼンもまた無縁でなかったことが、ここでの要点である。

さて、ケルゼンの〈純粋法学〉は周知のように〈純粋な法〉の存在を主張するものではなかった。前掲『法と国家』（鵜飼信成訳、岩波書店）の中でケルゼンは、法を社会的技術とみなし、その根底にあるのは〈応報の観念〉であると断じている。そして「社会的に有害な行為に対する制裁は、それ自身一つの有害な行為なのである」との認識にもとづきつつ、更に「法は、一定の状況において、他の一切の状況の下では〈禁止〉されている行為を許すのである、ことばをかえていえば、法は、他の者が制裁として同様の行為をなす条件そのものである」（p. 12. 五節）と述べている。つまり、ケルゼンの〈純粋法学〉は法の内容そのもの純粋性をめざしたわけではなく、法認識に関する方法論上の固有性（純粋性）を通じて達成しうる法の独自的存立構成のいかんこそ、その眼目とせるところであった。だが、方法論上の純粋性とその成果たる法認識の純粋仕とは、ともに法の実定性という純粋性の枠を出ないという自己制約のもとにあったことに留意する必要がある。法認識の制約性と限界性、これはひいては〈国家〉概念の相対化につながる点であるだけに重視すべきであろう[10]。法認識の限界性を知るためにも、その方法論は混淆（Synkretismus）を避けた純粋性を保持すべきであった。法の認識論の固有性を追求したケルゼンの〈純粋法学〉の基本は、既述のように、存在の世界（実在態 Realität）と当為の世界（観念態 Idealität）との峻別化にあった。現実と価値、事実と規範、あるいは人間と人格、心理性と精神性といった対関係にみられる峻別化も究極的には〈存在と当為〉のそれに還元することができる。これら一連の二分法的形式は、他方では、社会学と法学との対比という形をとってケルゼンの〈純粋法学〉の中で大きな比重を占めてもいる[11]。

ケルゼンの『社会学的国家概念と法学的国家概念』（一九二八年）は、いうまでもなく、他の著作『国法学の主要問題』（一九二三年）、『一般国家学』（一九二五年）、『法と国家の一般理論』（一九四五年）等と内容的に関連した国法論（Staatsrechtslehre）の書である。これらの著作を通じてケルゼンが重視する概念の一つに〈関係 Verhaltnis〉がある。この概念によってケルゼンが意図したことは〈実体〉概念の排斥であった。ケルゼンは、自然科学における原子や物質や力の概念と〈国家〉のそれをともに非実体化して、それらを〈論理的理念《イデー》〉とみなすが、そこには勿論、E・カッシーラーの影響がある（『社会学的国家概念と法学的国家概念』三五節）。ケルゼンにとって国家は法秩序とは別種の実在的な実体を意味せず、法的判断の〈帰属点＝帰責点〉にすぎなかった。法認識にとって、法と国家という二元性は無用である。これをケルゼンは次のようにいう。

「法の世界の背後に法の素材からのみ建てられ得る新たなる存在（Dasein）を設定する代わりに、認識は、法の諸関係が完全に表現せられるところの普遍妥当的知的図式（Schemata）を描くことを以て満足すべく、又満足するであろう。国家は――法と同義なるものとして理解せらるる限り――法内容から離るること少なければ少ない程、却ってその任務を充たす図式の一例証である。法の秩序概念、特に特殊秩序概念として理解せられる国家は――斯くて法の――若しくは自然科学の類推から言い得るように、法経験の――諸関連（Beziehungen）を完全に思想的に了得することに役立つ以外、何等の意味《ジン》をも、又機能（Funktion）をも有しないのである。この関係（Zusammenhang）が破壊せらる時、そこに二重の撞着（Antinomie）が生ずるのである。法若しくは所謂法経験（Rechtserfahrung）の世界の背後に、即ち法規の背後に絶対的実体の世界《ライヒ》が存する、特に国家をば〈法律学的に理解する〉ことが要請せられるとも、一種の法的事物として、凡ての法律学的認識手段に近づきがたき国家なる絶対的実体が存する、のである。(12)」

3　実体主義の排除

もう一点注目すべきは、同じくカッシーラーの『実体概念と関数概念』（山本義隆訳、みすず書房）を介して、ケルゼンがE・マッハの思想に出会っていることである。長文を敢えて引用しておこう。

「自然科学の論理的発展は、ますますもって、もともとの素朴な物質表象（Stoffvorstellung）を不必要なものと認め、それゆえ、それにはたかだか具体的に説明するための像という価値を与えるにすぎず、他方、諸現象間に在る定量的関連を現象における真に実体的なものと認めることに向かうのである。『ある現象の条件が識られるに応じて、物質性（Stoffichkeit）の印象は後退する。人は、条件と条件づけられるものとの関連を、すなわち、大なり小なりある領域を支配する方程式を、真に永続的なもの・実体的なものと認める。つまり、それを見出すことによって安定した世界像が可能となるものと認める。』〔E. Mach, *Die Prinzipien der Wärmelehre.*〕ここまでは現代の経験論は、自然認識の意味とその発展する傾向とについて、批判的見解と完全に一致している。われわれが物質について知るところのものは――と、なかんずく『純粋理性批判』は断言している――、ただ関係だけであるが、しかし、これらの関係のなかには、常住不変な（beharrlich）自主的関係があり、これによってわれわれに一定の対象が与えられるのである。」（前掲『実体概念と関数概念』同二〇二頁）。

〈対象 Gegenstand〉の概念が自然科学的にはいかに把握されるかについてはすでにみた。E・マッハは、ある現象の条件が識られるに応じて物質性の印象は後退する、と述べている。これに対応してケルゼンが謬見とみなすのは、むしろ逆に、条件（Bedingung）から物（Ding）を産出する没批判的な混淆主義の論法である。[13] ケルゼンはいう、「条件の差異に依る機能の差異は実体の差異となり、異なった〈物〉となる」と。[14] ここに批判されている事が、Bedingung が変じて Ding となるという物象化の事態であることはいうを俟たない。

ここで注意すべきは、ショーペンハウアーの所説である。経験の条件（Bedingung の語幹が物を意味する Ding であることに注目しておこう）を問う方向の中で〈物質〉を捉えた点に、ショーペンハウアーの独自性をみることができる。経験の条件と経験の対象、物質（Materie）と質料（Stoff）、これらそれぞれの区別化の上に〈物質〉がすがたをあらわすことを、まず指摘すべきであろう。ショーペンハウアーはいう。

「物質《マテリエ》は、客観的に把握された因果性そのものなのである。というのは物質の全本質が作用 Wirken 一般に存し、したがって物質そのものが物《ディング》一般の作用性〔Wirksamkeit〕（現実態《エネルゲイア》）であり、いわば物質のさまざまな作用すべての抽象物だからである。したがって物質の本質《エセンチア》は作用一般に存し、物の実存《エクステンチア》はまさしく、かくしてこれまた作用一般と一つであるそれの物質性にあるのだから、物質について以下のことが主張されうるのである。すなわち物質においては実存《エクステンチア》と本質《エセンチア》とが一致し、一つであると。というのは物質は現存そのもの〔Dasein selbst〕以外のいかなる属性も一般にもたず、それのいっそう詳細な規定をすべて無視してしまっているからである。それに反しすべて経験的に与えられた物質は、つまり質料〔Stoff〕は（今日の無知な唯物論者たちはこれと物質とを混同している）すでに形式という覆《おお》いのなかにはいりこんでおり、その質と偶有性とをとおしてのみ顕示されているのである。それは、経験においてはどの作用もまったく特定の種類のものであって、けっして単なる一般的なものではないからである。まさにそれゆえ純粋物質は思考のみの対象であって、直観〔Anschanung〕の対象ではないのである。〔中略〕じっさい、われわれは純粋物質といえば単なる作用を抽象的《イン・アブストラクト》に、この作用の仕方をまったく度外視して考える、つまり純粋因果性そのものを考える。そしてこのような因果性としては、純粋物質はまさしく空間および時間と同様に経験の対象ではなくて条件なのである。」（『意志と表象としての世界』続編所収「ア・プリオリな認識につ

いて」白水社）

時間と空間と物質（因果性）こそ経験の条件をなすこと、とりわけ物質はその作用性において有ること、しかもその有ることにおいて実存（existentia）と本質（essentia）とが一致するということ、いいかえれば、物質は有るということ以外の属性（Attribut）をなんら有たないという意味において、有ることの作用性においてのみ有るということ、まず、これらの点に留意しておこう。いうまでもなく、この物質の作用性は、原因と結果の連鎖の中での諸変化のイメージとも、また、生成消滅を伴う因果律の域内の事象の推移とも異なっており、いわば仏教的な〈縁起・無自性・空〉のイメージに重なりうる不生不滅の〈有《ザイン》〉の唯一の〈有《あ》り〉をしるすもの、といえよう。いうまでもなく、いま、ここにおける〈このもの〉は、物質が質と偶有性を具えて、特定の対象として形態的に存するところの、通常の事物にほかならない。

ところで、因果性の問題は、物体＝物質の特殊な諸性質や特定の作用――音は耳という感覚器官の受容性に対して作用するが、眼のそれには作用しないが如く――が、はたして客観的（実在的）であるか否か、という問題とかかわりをもっている。例えば、周知のように〈物〉の形態に知覚される諸性質（ロック的にいえば、色、音、粗密、硬軟、寒暖などの第二性質）は、物に実在的なものではなく、また、第一性質とよばれる、延長、形態、固性、運動・静止、数なども また、物に実在的な性質ではない。なぜなら、とりわけ後者の諸性質は、空間、時間、因果性という条件によって〈規定〉されているからである。そして、残るのは〈物自体〉の脱規定性である。

ショーペンハウアーにとっては、感覚器官に作用する物体＝物質の作用性一般が〈物自体〉であった。この〈作用性一般〉は、決して物的にも物理的にも確認しうるものではない。「ア・プリオリな客位語《プラエディカビリア》」（「ア・プリオリな認識について」）にも、端的に「物質は単にア・プリオリに思考されるにすぎない（Die Materie wird a priori bloss gedacht.）」と記されている。

(1)　さて、条件（Bedingung）から独立した物（Ding）の直観性・可視性が、当の〈物〉に、実体的自存性の仮象を付与することになるが、実はそれが物象化されて実像へと変身することのうちに、ケルゼンは〈法と国家〉の二元論の元凶をみてとっていた。その二元論は、秩序づけられるもの、秩序の対象が、秩序にとって代わって独立し、逆に秩序の可視的〈主体〉と化す、という物象化的事態と符合する。この事態に関連してケルゼンは次のようにいう。

「力点が、〈秩序〉という観念的契機から、秩序の内容を形成する行態をする〈人間〉という直観的契機に移動する。そうして、この、目に見え、捕えることのできる直観への傾向こそは、たしかに、関係（Beziehung）を棄てて関係されたもの（Bezogone）をねらいもとめ、関係（Relation）の代わりに関係している事物、作用（Funktion）の代わりに実体を客体とするものである〔傍点筆者〕。そのような直観は、素朴の観念を支配するが、科学的思惟はそれから解放されるべきものであろう。国家は、そうするときはまだ、もはや人間の行態の秩序、人間の秩序としては現われないで、――ある仕方で秩序づけられて――共生する人間として現われる。[15]」

規範的秩序という〈関係〉の領域から、存在の世界に属する可視的〈事物〉の領域へと国家問題をずらすとき、それは物象化を蒙ることになる。そこにあるのは、ケルゼン流にいえば、当為の存在化である。

(2)　或る〈関係〉を更に〈関係づけるもの〉として要請される自然法的上位秩序は、関係の二層構造という二元論を産みだすことになるが、この点もケルゼンの排して已まぬところであった。ケルゼンは、自由の普遍法則を説いたカントの自然法論の中に一種の国家契約説をみてとり、カントの場合は義務と権利の〈法的関係〉がさらに根本秩序としての法的秩序によって基礎づけられるという二重構造（いわば関係の関係）になっている、と批判している。その点をみよう。「然し義務と権利とを構成するものは法的関係にあらずして、法的秩序であるということ、正確に言えば法的関係は条件に過ぎずということは、通常看過せられ易いことになるが故に、国家契約は〔カントの〕自然法説に於ては、権利及び義務を仲介とするに過ぎざる条件〔＝法的関係〕よりも、寧ろ権利及び義務を基礎づける根本的秩序を受け容れているのである。」（*Der Soziologische*, S. 141、前掲『社会学的国家概念と法学的国家概念』一五四頁）。

Bedingung（条件）から Ding（物）が生まれるということに対し、ここでは、当の条件そのものが物とみなされて、それを基礎づける上位秩序が更に要請されている。法的関係を、法的ならざる秩序で基礎づけること、これは当為を存在で基礎づけることと同様に、ケルゼンの肯首しうるところではない。法的関係の成立の前提として、何らかの秩序態を仮定することは〈純粋法学〉では不可である。

法的関係とは別に、それを規律する法的規範を設定し、かくして法秩序を自然法論的に二重構造とみることは、ケルゼンの否定するところであった。ケルゼンは、あたかも一面には法的規範が存在し、他面にはそれによって規制せられる対象があるかのごとき擬制を排して次のようにいう。

「然《しか》し法《レヒト》は〈それに依って〉規制せらるる本質《ヴェーゼン》〔＝存在〕と同一のものにして、その内容として必然的に思惟せらるべきこの要素《エレメント》を欠いては、毫も思惟し得られないのである。随って法と法に依って規則せらるる〈関連〉とを区別することは、誤謬である。この誤謬は寔《まこと》に不幸である。何となればこの誤謬は結局、法と国家の二元論に導かるるものにして、而してこの二元論は法と法的に規則せられたるものとの二元論の特殊なる場合であるからである。〈法的関係〉は常に述べらるるが如く、法的規範に依って〈作らるる〉ものにあらずして、法的規範そのものである。而して国家を特殊なる法的関係なりとすれば、国家は法に依って規則せられた特殊の生活関係（Lebensverhältnis）――実に国家は法とは独立なる〈現実的〉本質〔＝存在〕にして、法は（のちに）秩序的に付加せらるべき存在事実なりとの仮定に導かるるのであるが――にはあらず、国家はその特殊な内容に依り特徴づけられた法的規範の総体にして、全体的な法秩序そのものではない。」（S. 171-172. 同、一八六～一八七頁）。

法と、それに対立する〈存在事実〉としての国家という二元論は、ケルゼンの指摘するように、法秩序の枠外に〈国家秩序〉を存在事実的＝因果被拘束的に設定することへと導くことになる。それは、法秩序の背後に、それとは別の実体として国家を表象することと同様に、〈純粋法学〉の排するところである。〈可視的〉ともいいうる存在事実としての国家が、〈法的関係〉の全体性《トータリティー》から独立し、それに代わってそれの中心を像るという関係は、それ自体、倒立のそれである。[16]

ところで、ケルゼンの『社会学的国家概念と法学的国家概念』は、M・ウェーバー批判を含んでいるが、ここでその検討を通じて更にケルゼンの視圏を覗うことにしよう。

(1) ケルゼンはウェーバーの〈実体〉排斥の姿勢に賛意を示しつつも、ウェーバーが「国家にしても、意味的に方向づけられ一定種類の社会的行為が経過する見込み（Chance）が消滅するやいなや、社会学的には〈存在する〉のをやめる」（「社会学の基礎概念」Ⅲ、2、前掲『社会学論集』所収）と述べたのを受けて、ケルゼンは次のように批判する。「蓋《けだ》しウェーバーは国家の概念をば特殊なる〈意味内容〉、即ち〈意味的に方向づけられた一定種類の〉行為から、行為の事実性の上に移したのである。然る時、国家はもはや行為の意味に非ずして、それ自身意味なき行為となり、特にこの行為の蓋然性となってくるのである。〔中略〕然し国家は意味内容として、目的体系若しくは説明図式として、正に行為の意味に向けられた〈理解の〉社会学の観察する所のものとして、ピタゴラスの定理と等しく〈存在する〉のである。即ち国家の〈存在〉はその妥当であり、随って行為――その意味《ジン》こそ寔《まこと》に国家である――の事実性とは本質的に異なるものである。」（S. 161. 同、一七四頁）。

ここにみられる〈行為の意味内容〉と〈行為の事実性〉の区別は勿論、当為と存在のそれに由来する。問題の要点は、ウェーバーのいう“Chance”を存在と当為のいずれの側に引きよせて理解するかにある。勿論、ケルゼンは前者に与する。そして更に問う。

(2) 行為の意味内容が問題となる場合、その行為の妥当性や当為性に関する意味が対象となる限りにおいて、行為の何らかの秩序性が要点となるが、これにChanceはどう関わることになるか。「意味内容としての秩序が規範と同義なりとすれば、この秩序の〈妥当〉は当為と同義である。秩序によって措定せらるる行為者が彼の行為と結合する所の観念に於ては、秩序の〈妥当〉はその当為である。事実上、吾人が秩序によって措定せらるるChanceは、それとは異なる。このChanceは、多少例外はあるが、存在の規則内に表現せらるるものにして、予はこれを——妥当に対して——規範の作用若しくは規範の効果と呼ぶ。ウェーバーがたとえ秩序を意味内容として、意味内容を当為規範として特徴づけているとは言え、彼の所謂効果チャンスをこの秩序の〈妥当〉として表示するなら、それはまた許容しがたき概念転移である。」(S. 162. 同、一七六〜一七七頁)。

批判の論点は明瞭である。事実性と規範性との区別にもとづきつつ、事実的な妥当と規範的な妥当とは〈意味内容〉において異なること、両者の混淆化は〈存在と当為〉のそれたることが指摘されている。行為のChanceの事実性からは行為の規範性は生じえない、との論旨である。[17]

4 共同社会行為と法

ところで、ウェーバーの理解=諒解社会学の基礎概念はいずれも、行為の〈因果帰属的〉連関性を把握するための、現実的に可能的な諒解装置を形成するための成素であるといってよい。或る事実的行為の経験的に諒解可能な〈意味内容〉は、動機や理由といった広い意味での〈原因〉にまで遡ることによって、その全体像がより判明なものとなる。だが、厳密な意味での〈原因—結果〉連関は事実性（存在次元）に属し、規範性（当為次元）には属さない。これは他面からいえば、当為は存在の原因とはならない、ということを意味する。因果的考察と規範的考察の区別はケルゼンにおいては厳密であり、それ故、因果的帰属性（ウェーバー）の概念は当為の世界では成立しない（つまり〈なんじ殺すなかれ〉は原因たりえない）。

(1)〈当為〉の概念を厳密に捉えることが、純粋法学の国家概念の理解にとっても重要であった。まず、この点に止目しよう。法規範あるいは当為＝価値は、価値実現、現実の原因たりうるか否かを軸に、ケルゼンは次のようにいう。

「〈価値の実現〉、〈規範の現実化〉を云為する場合には、この価値は（有価値的）現実の原因ではなく、（規範の現実化せらるべき）この合規範的行為は規範の効果ではないということを忘れてはならぬ。合当為的存在、有価値的現実、正当なる即ち合法的なる行為の原因は、当為または価値、道徳または法、即ち特殊な意味（Eigensinn）に於ける規範ではなく、寧ろ思惟であり、感情であり、意思であり、規範の心理的体験であるところの存在的事実である。而してこの存在的事実が原因として、または動機として、それに適応した行動を効果として有つのである。この実現即ち現実化の観念は、この心理的体験、特に規範の〈意思〉に関連する、特に意思の単なる内的性質から行為、即ち道徳的または合法的行動の外的性質への転移に、関連する。この意思こそは効果としての行為の動機であり、原因であるが故に、この規範の意思は合規範的行為において〈実現〉せられるのである。其故この関係は全く自然的存在の世界（Sphäre des Natursein）に於て行われるのである。」（*Der Soziologische*, S. 80. 前掲、九一頁）

(2) 当為意識や規範意識と行為意思との結びつきは、心理学的出来事であり、当為の存在化（現実化）も意欲・意思の次元のことに属する。それ故、法的当為から心理現象の要素を払拭する必要がある。ケルゼンはいう。

「一般に法の科学（または国家の科学）が可能であらねばならぬとすれば、当為と存在、特に法的規範の体系と因果的に決定せられた現実との原則的、論理的分離は、欠くべからざるものであり、また避くべからざるものである。この法の科学（または国家の科学）は、法的規範をばその特殊なる自己法則性に於て、而も自然法則性を顧慮することなしに、認識せねばならぬ。その限りに於てこの科学は〈純粋《ライン》〉なる法的認識である、即ち純粋な法のまたは純粋な国家の認識である。」（同上）

ケルゼンは（自ら脚註に記すように）、ここでE・フッサールの『論理学研究』を念頭に置きつつ、規範的・論理学的認識と心理学的認識との対立性を更に法学的認識と社会学的認識とのそれへと進め、その問題意識の延長線上でM・ウェーバーの〈理解社会学〉に出会っていた。フッサールの〈純粋論理学〉に倣って、ケルゼンは、純粋論理的かつ独自的法則体系としての規範体系がはたして可能か否か、を問う。勿論、法認識の方法論の違いに応じて、その体系性の性格は異なる。ウェーバーが方法論の問題性に繊細な感覚で対処していたことは周知の事柄に属する。ウェーバーの〈法社会学〉の視圏は、ケルゼンの〈純粋法学〉といかなる接点をもつか、これは、N・ルーマンの〈予期〉論にも関連性をもつ論点でもある(18)。

さて、M・ウェーバーによれば、秩序の〈妥当〉を決定するものは、その秩序が単に〈遵守〉されるという事実ではなく、行為が秩序に〈志向している〉という事実であった(19)。それ故、法命題の妥当はいうまでもなく、法秩序の妥当そのものは、法命題中の〈秩序〉の遵守のために或る強制装置（法強制）が用意されているという理由から秩序への服従がなされているという事態と同一視すべきものではない。とはいえ、法秩序と、その秩序自体のための強制手段（法強制）、さらにその法強制を目的とした特別の組織、これら三者は〈法〉なる秩序には不可欠な要素である。にもかかわらず、法強制の〈チャンス〉は、行為者たちの合法的行為を規定する要因としてはさほど大きな意義をもたないと、ウェーバーはみる(20)。

行為が或る秩序に相互的＝共同的に志向するとき、それらの行為は当の秩序をいかなる意味内容（Sinngehalt）において把捉しているか、とりわけ法秩序の場合はどうか、これがウェーバーにとって、〈知るに値する〉という意味において本質的な問いであった。法秩序の存在と、それに何らかの意図と仕方で、志向的に関わる行為者との関係に注目するとき、法秩序は単なる行為の〈形式的規則〉で終わることはできない。ウェーバーの視圏を更にみつめてみよう。

(1) R・シュタムラーへの批判はウェーバーの〈関心〉方向を如実に示している。「とりわけ、シュタムラーにおいては、まず第一に、法ドグマーティカーまたは倫理学者によって学問的に演繹されうる・〈規範〉の観念的な〈妥当〉と、規範が妥当しているという観念によって経験的行為が現実に受ける影響——これは経験的な考察の対象とされるべきである——とが、相互に混同されている。のみならず、彼にあっては、多数の人びとによって事実上〈妥当すべき〉ものとして扱われている規則によって、行態が規範的に〈規律されている《ゲレーゲルトハイト》〉ということと、人間の行為の事実上の規則性とが、混同されてすらいるのである。」（『法社会学』四四頁）——同じ主旨のことが更にこういわれている。「法と習律（Konvention）とは、人間の共同的・併立的・対立的な行為の中に、原因および結果として編みこまれている。法や習律を——シュタムラーのように——行為の〈形式〉と考えてこれを行為の〈内容〉（行為の〈素材《マテーリエ》〉）に対置するのは、きわめて誤解をおこしやすいやり方である。むしろ、一定の行為（Verhalten）が法または習律によって命ぜられていると信ずることは、社会学的にみれば、さしあたりは、行為者が自分の行為の一定の結果を計算《ツェーレン》しうる蓋然性の度合いが、さらにいくらか高められるということを意味するにすぎない。」（同四五〜四六頁）

進行中の相互行為に、進行中の法作用＝法妥当を連関させるという場面で、ウェーバーは、法の妥当性を行為の予期的計算可能性の観点からみつめている。

(2) 行為の、したがって或る事象の発生に関する〈法的〉計算の確実性を、法規範が高めることは当然であるが、それは逆にいえば、「およそあらゆる合理的な利益社会関係が、したがってまた共同社会行為や諒解行為の秩序もまた、これらの共同社会行為や諒解行為そのものに比べると、後発的な現象であるのが常である」（同、四九頁、傍点筆者）ということを示すものである。これはまた、行為の〈予期〉構造が全面的に法秩序の構造に還元されえないことを示すものでもある。それをウェーバーはこう指摘する。「法と習律と習俗（Sitte）とは、われわれがある他人の——彼から期待〔＝予期〕される、または彼によって約束された、あるいはその他彼の義務とみなされるような——行為の保障者として当てにしている、また当てにしうる唯一の力では決してなくて、これらのほかに、とりわけ、一定の諒解行為の存続そのものを求める他人の自身の利害関心が保障者として働いている」と（同、五一頁）

5　生活世界の植民地化

ケルゼンからすれば、法秩序が行為の相互的予期に現実的に有効であるとはいえ、その秩序の規範性が、因果的意味での〈原因〉となってストレートに或る行為を生みだすという論法を容認することはできない。法秩序は因果連関とは別次元の論理構造によって成立している。規範的には〈Aであるべし〉、なれど事実的行為においては〈非Aである〉が妥当する世界が法秩序のそれである。Aの予期内容をBが予期する、ということをAが予期することが状況上、許されるとAが予期すること、更にこうしたAの予期をBも了解しているとAが予期すること、この一連の予期の実際上の不成功にもかかわらず、法秩序はそれとして存立するということ、これがケルゼンの所見であった。期待・予期、願望、意欲の心理的要素によって測られる〈計算可能性〉は失敗を前提とするが、法秩序はまさに違反によっても〈失敗する〉ということはない。ウェーバーにとっては、行為の〈合理的〉整序のための、行為規範として、法秩序は存在意義を許される。結果をもたらさない原因とは不条理であるが、違反を生みだす法秩序は、まさにそれでいてこそその名に値する。〈予期の予期〉の連関性の〈停止〉の場合のためにこそ、法秩序は存在する。これがケルゼンの立場であった[21]。

ケルゼンも前掲『社会学的国家概念と法学的国家概念』（§11）で、テニエンスの“Gemeinschaft und Gesellschaft”『共同社会と利益社会』に僅かながら言及している。他者の行動を互いに予期しあうことが各自の目的合理的な行為にとって有益な平均的基準となる場合に、ゲマインシャフト行為が成り立つ。しかし、ゲゼルシャフト行為となると、行為の〈客観的〉基準が各自の間に介在し、これに主観的に対応するという要素が加わる。

社会組織の合理化と、制定秩序の合理化とは一体的なものである。算定・見積もりの可能性が行為基準の合理化のうちに要求される。その極限的な一例が、ウェーバーのいう〈法形式主義〉の、法装置を技術的に合理的な〈機械〉とみなすあり方である。そこでは訴訟上の利害闘争があたかも〈競技規則《シュピールレーゲルン》〉に則るかのごとき体を示す法形式主義は、勿論、法の合理化の所産である。だが、ウェーバーの烱眼は、そこに別の要素をみつめている。それは、法形式主義的な法の合理化の中から実質的（materiell）な合理化が生まれている、という事実である。法論理的にみれば、非形式的＝不合理な要素、つまり心情（Gesinnug）の要素が法論理の内部に組みこまれつつある、との認識に立って、ウェーバーはいう、「事実、法思考が論理的にますます純化されていくということは、どこにおいても、外面的に明瞭な形式的なメルクマールに固執することをやめて、——法規範自体においても、またとりわけ法律行為の解釈においても——論理的な意味解明が強化されることを意味している」と（『法社会学』五一三頁）。

法社会学的には、社会の中に〈自生した法秩序〉と、法規の中で〈意欲された法秩序〉との区別（E・エールリッヒ『法社会学の基礎理論』Ⅸ）が可能であり、しかも前者における慣行、支配や占有の関係、意思表示等が、人間社会の法秩序の直接的基礎（第一次的秩序）をなしている。そうした基礎的な〈法の事実〉つまり実生活における法的関係を第一次的とみる立場からすれば、国家による、法を通じての〈社会関係〉の独占化という事態は、拒否の対象となる。ハーバーマス流にいえば、生活世界の植民地化が、第二次的秩序としての実定法＝制定法規の排他的性格づけによって強化されることになる。第一次的秩序は〈国家〉とほとんど無関係に生じたとE・エールリッヒはみるが、ウェーバーもまた、〈国家〉は経済にとって、いかなる点においても必要でないと断言している（『法社会学』第一章三節）。ケルゼンにとっても〈国家〉は実体性をもたない。〈二重擬制としての超法的国家概念〉を排して、「法的秩序の擬人として、国家は所謂擬人的擬制の模範的例証である」と断じたのは、ケルゼンであった。(22)

6 国法論としての国家論

さて、最後に〈国家〉の問題に言及しておこう。純粋法学は、国家と法との二元論を容認しない。したがって、ケルゼンの国家論は国法論を意味する。その基本は「法の特殊な実在は、法秩序に服する諸個人の現実の行動のなかには表出されない」という点である。個人の現実の行動は因果律に従う〈自然的実在〉であるが、法秩序は自然因果律とは異次元の意味連関の観念態をなすからである。(23)

ケルゼンが〈国家〉をいかに考えていたかをみるにあたって、やはりM・ウェーバーとの対比を考慮することが有益であろう。長文を敢えて引用しよう。

「法律家にとって国家は諸規範の複合体、一つの秩序であるのに対して、社会学者にとっては、それは諸行動の複合体、〈現実の社会的行動の過程〉として現れる、とM・ウェーバーは考える。〔中略〕法秩序は、それに従って法服従者達および国家の諸機関として行動する諸個人自身が彼等の行動を解釈し、したがってまた、〈国家〉を把握しようとする社会学がそれに従って、その対象を解釈しなければならない所の図式を提供する。この対象が国家、〈社会学的〉国家だと言うのは、相当誤解を招く。国家は社会学の対象を成すそれらの諸行動のどれとも同じではなく、それらすべての総和とも同じではない。国家は、それが一人の人間またはたくさんの人間でないのと同様、一つの行動またはたくさんの行動ではない。国家は、われわれが法秩序と呼ぶ人間行動の秩序であり、一定の人間行動がそれに方向づけられる秩序、諸個人が自分達の諸行動をそれに合わせる観念（idea）なのである。もし、この秩序に方向づけられた人間行動が社会学の対象を成すなら、その対象は国家ではない。」（p. 188. 同、三〇一頁）。

人間行動が〈法秩序〉に合わされている（orientiert）ことへの注目と、人間行動が或る法規範によって〈条件または帰結〉として規定されていることへの注目とは、その意味上、内実を異にする。〈違法行為〉を法の侵犯としてではなく、法の世界に位置づけること、これが〈純粋法学〉の一つの要素をなしていることはすでにみた。合法や違法の観念は〈べし〉と〈ある〉との差異性を前提とする。前者の、規範の観念的表現のうちに、法の実効性、法の権力が存在する。[24]

国家を〈法の背後の権力《パワー》〉とみる見方が、国家と法との二元論に陥ることはすでにみた。「国家は、一つの強制的秩序によって構成された一つの共同体《コミュニティー》であるがゆえに、政治的に組織された社会なのである。そしてこの強制的秩序こそ法である。」（p. 190. 同、三〇三頁）そして、「政治的権力とは、法と認められる強制的秩序の実効性（efficacy）である」（p. 190. 同、三〇四頁）。国家が政治的組織であるのは、その組織の秩序が〈強制的〉秩序であることによる。この〈強制〉の要素こそ、他の社会秩序から法秩序を区別するものであった。いうまでもなく、社会的組織が何故に〈政治〉や〈強制〉にもとづかねばならぬかについては論理的な解答はなく、無限遡及（regressus in infinitum）あるのみである。国家が人間行動に、内的にも外的にも強制的でない仕方で関わるときにのみ、国家は強制的秩序たることを許される、という逆説的事態は重要である。国家の事実的作用を実体化する傾向は〈自由〉の危機に向かうことになる。

——以上をもって、本章を終えることにする。ケルゼン研究の歴史は長くかつ深い（例えば、美濃部達吉『ケルゼン学説の批判』や横田喜三郎『純粋法学論集』から、長尾龍一他『新ケルゼン研究』まで）。ケルゼンの〈純粋法学〉は〈法〉概念の自立性、ひいては法科学の自立性を確保せんとしていたが、同時に、「認識は、内容的に規定された規範体系、具体的な秩序に対して、それゆえ国家と呼ばれる秩序に対しても、必然性をもって至上という、もはや他のものから導き出せえないという属性を与えることはできない」（前掲「法科学は規範科学か文化科学か」）との、醒めた自覚をもっていた。それは、新カント派的な、認識の方法論的一元論のしからしめるところであった（例えば、コーヘン／今田竹千代訳『カント純粋理性批判解説』参照）。〈見る〉とは、視座や視点、視角や視野とともに、対象に関わることである。価値とともにみる、という、またはときにはヴェルト・フライ（価値自由的）にみるという、二重の意味での〈価値〉関連性への認識論的関心（例えば、波多野堯『ラスク価値哲学』参照）がケルゼンには存在する。視角の価値一元性が顕著なH・リッカート（例えば、山内得立訳『認識の対象』、拙訳『歴史哲学序説』参照）から、論理一元性ともいうべきH・コーヘンのそれに至るまで、新カント派も幅広い。一方、ケルゼンも、プラトン、ダンテの世界から、量子力学の世界までも視野におさめている。二〇世紀前半の大きな時代思潮の変遷の中で、ケルゼンの思索は行なわれた。そして、法もまた思想《ゲダンケ》であり、思想として問われる存在であった。

付論　J・ハーバーマスを読む

〈生活世界の植民地化〉（Kolonialisierung der Lebenswelt）という戦略的表現で、自己の思想的危機意識のみならず時代状況の危機性を示したJ・ハーバーマスの思索の中で、〈法〉はいかなる存在意味をもつか、これが以下での主たる関心事である。〈世界の脱呪術化 Entzauberung der Welt〉にはじまる〈生活世界の合理化（Rationalisierung）〉が、いまや生活世界の植民地化を生ぜしめているとの問題意識のもとでみられる〈法〉の問題性とは何か、という観点はまた、現代の法思想における個別問題を論じるための恰好の出発点ともなりうるであろう。

社会システムとしての法システムが、その〈システム合理性〉をめざすとき、法の正当性（Richtigkeit）はいかなる問題次元をかかえこむことになるか、また、〈市民的公共性 die bürgerliche Öffentlichkeit〉の場から次第にコミュニケーション的（意思疎通的）合理性が姿を消しつつあるとき、法実証主義的な法の〈正当化〉の理論は、その妥当性と有効性をいかに基礎づけうるか、あるいはまた、機能主義、操作主義、目的合理主義といった背景知を伴うところの〈システム合理性〉が、生活世界の合理化の担い手となるとき、法と生活世界の関係はいかなる様相を呈することになるか。換言すれば、技術的な処理可能性を第一義的な認識関心とする〈道具的理性〉が、上記のごとき様々な〈合理主義〉の形態において、〈法〉を通じていかに生活世界と結びついているか。こうした問いが、ハーバーマスの〈法〉への関心視角をなす、といってよいだろう。それ故、例えば、認識理論や科学方法論における科学主義・実証主義・客観主義との関連性において〈法実証主義 Rechtspositivismus〉を捉えてこそ、後者を生活世界と関係づけることが可能となるであろう。

1　実践と認識の関係

さて、法実証主義の一般的な特色は、法領域の独自的な画定可能性（とりわけ道徳・倫理領域との区別可能性）、法領域の自己内在的な基礎づけの可能性、法領域の論理的自己整合化の可能性といった諸可能性に、それが依拠している点に求めることができる。むろん、この特色は同時に、法実証主義の問題点でもある。それを再確認する意味において、H・ケルゼンの『自然法論と法実証主義』（黒田・長尾訳、木鐸社）に立ち帰っておこう。

ケルゼンによれば、実定法の規範は〈人間的権威の恣意に由来する〉ものであり、その実定性の根拠は人間的意思による〈定立性〉という点にあった。自然法と実定法との差異は、ケルゼンにおいては、神と人間とのそれに依拠している。

「法実証主義は法の科学的理論であって、実定法の認識と記述にあたって、一切の人間的経験を超えた法の超越的源泉、即ち人間の行動を規律する規範たる神意の存在を想定しない。絶対不変の正義とみなされうるものはこのような超越的な、従って絶対的な権威の設定した規範のみであるが故に、法実証主義はいかなる規範をも絶対的に正しい不変の効力をもった規範とは認めない。法実証主義が効力を認める規範とは、法規範にせよ道徳規範にせよ、人間の意志により設定された可変的な規範、時と処により異なった内容を持ち得る規範である。」（同、一五一頁）

神的意思と人間的意思との絶対的区分そのものを絶対的に設定するというケルゼンの二分法的思考法が、相対と絶対、経験的所与と超経験的所与、科学と形而上学また認識対象と認識主体、等の区別をも絶対化させるだけでなく、他方では、認識理論を実証主義へと狭めていること、この二点をここで指摘しておくべきであろう。立法と慣習という〈人間的意思〉の創造による〈法〉をその認識対象とする法実証主義は、実証主義そのものが一般にかかえている〈認識と事実〉の関係問題や〈認識と科学性〉のそれを、いかに把握しているのであろうか。神話や形而上学からの解放を標榜した実証主義が、あらたな実証主義の神話へと陥る危険性を内在的に保有していることと、法実証主義が法律万能主義へと変質しうることとは、決して別次元の問題ではない。同様の危険性は、客観主義と主観主義との間、また合理主義と決断主義との間にも出現する。

さしあたり、法実証主義の問題性は後述のこととして、当面の問題点を〈実証主義〉に限定しておこう。〈実証主義〉の問題は、同時にまた、J・ハーバーマスの思想圏に入るための恰好の入口でもある。

ところで、実証主義は〈認識〉の問題と〈実践〉の問題とを分離した上で、さらにまた〈認識〉を客観主義へと狭めてしまうということ、これらの点がハーバーマスの〈実証主義〉批判の骨子である。客観主義の前では〈認識〉は非合理なものとなり、それに応じて〈認識主体〉も排棄の対象となる。実証主義と客観主義との相補的関係を、まず次にみておこう。

「先験的反省から解放された形式的科学〔論理学と数学〕が記号の結合規則の生成を問わなくなるのと同様に、科学方法論に平坦化された認識理論は、可能的経験の諸対象を構成する作用を視野の中から見失う。ということは、カント的に言えば、両者がともに認識主観の綜合的はたらきを無視することである。実証主義的姿勢は、世界構成の問題性を覆い隠すのである。厳密な認識の名において――認識そのものの意味は非合理的となる。しかし、それによって支配権を手にするのは、認識は実在性を記述するという素朴な観念だけである。これに対応するものは真理の模写説であり、それに従えば、言明と事態の可逆的に一義的な対応は等質性として捉えられなければならな

い。」（奥山次良他訳『認識と関心』未来社、七七頁）

「認識とは現実のコピーであるという、前科学的な認識解釈をドグマ化する客観主義は、科学の準拠系による現実の方法的な対象化に基づいて確定された次元に、現実への通路を制限する。客観主義は、この準拠系のア・プリオリな性格を見抜くことを禁止し、またそれの認識一般の独り占めに疑いを抱くことを禁止する。しかし、いったんこの洞察や疑惑が生じれば、科学理論の客観主義的制限はたちまち崩壊する。誤った結果に導く存在論化を断念しさえすれば、われわれはすぐに、与えられた科学的準拠系が認識主観と現実との交互作用の結果であることを理解できるのである。」（同、九八頁）

認識対象そのものを構成する認識主観の〈主体的活動性〉を認識理論から排除することによって、いわば〈認識問題〉なき認識を形成すること、そこに〈認識理論の終わり〉を意味する実証主義的客観主義の内実がある。

それ故、客観主義の批判的解体は、認識主体の回復、しかも〈自己反省〉の主体としてのそれの回復をめざすことになる。自己反省の主体とは、ハーバーマスにおいては、自己解放の主体を意味する。主体性の回復と、客観主義への転落とが、具体的にはいかなる意味をもつかは、次にあげるハーバーマスのフロイト理解に顕著である。まず、フロイトがブロイアの〈技法〉を捨てたことの意義が重要である。

「治療の上で有益と認められた患者の記憶は、禁圧された生活歴の断片の意識的な獲得にまで導かれなければならない。――これに反して、催眠法による無意識の解放は、意識過程を操作するだけで、それを主体自身にゆだねないから、記憶の障害を決定的に打破することができない。フロイトがブロイアの技法を捨てたのは、分析が、制御された自然過程ではなく、医師と患者の間の日常言語的間主観性の水準における自己反省の運動だからである。」（同、二六三〜二六四頁）

〈自己反省〉の運動が独白的にではなく〈間主観的〉に行なわれるという理解は、後にみるように、ハーバーマスの思想においてきわめて重要な意味をもつが、いまは、自己反省が〈自己解放〉に通じる治療場面において、この反省の経験を自然プロセスへと吸収することは自己解放の概念を無意味なものにする、という点の指摘だけで十分であろう。他方、フロイトにおける客観主義（生理学主義）も〈自己反省〉の概念との関連性において次のように記述される。

「心的装置のさまざまな運動は、興奮の蓄積を避けようとする傾向によって制御されている。この精神主義的表現（欲動、興奮、不快、快、欲望といったような）の物理的過程（エネルギー量、エネルギー圧力とその解除、および系の特質としてのエネルギー流出の傾向といった）への対応は、最初は医師と患者との間のコミュニケーションから得られた意識と無意識のカテゴリーを、自己反省の準拠系から解離してエネルギー分布モデルへ移すために充分な役割を果たしている。」（同、二六二頁）

ハーバーマスの捉えたフロイトの二面性は、今日では周知の事柄に属する。だが、ハーバーマスの思想の文脈において、この二面性のもつ意義は大きいというべきであろう。相互主観性（間主観性）の概念がハーバーマスにおいては単なる認識論上のそれではなく、実践論上のそれであるのは、その概念がフロイトの〈医師―患者〉関係、ヘーゲルの精神現象学の〈主―僕〉関係に由来する点にある。自己反省や自己解放の〈相互性〉と、ヘーゲルのいう〈相互承認〉とに関連づけて〈相互主観性〉の概念を捉えるべきであろう。この点はまたハーバーマスのマルクス批判とも重要な関連性をもつ。「マルクスは、生産を範型にして反省を理解する」（同、五四頁）、これがその批判の骨子である。生産知と反省知との区別は、労働と承認との区別に対応するところの、ハーバーマスの思想の核を形成するものとみるべきである。

2 マルクスの生産論への批判

さて、ハーバーマスの表現様式の特徴は、思想家論の形態をとるという点にある。主著『コミュニケーション的行為の理論』もその例外ではない。〈法理論〉との関連性を最も強くもつこの著作の検討はひとまずおいて、以下では主としてハーバーマスの思想の骨格を捉えることにしよう。この目標は、ハーバーマスがヘーゲル、マルクス、フロイト、ディルタイ、パース等の思想をどう捉えているかの記述によって達成されうるであろう。

1 後期資本主義社会に生きる思想家としてのハーバーマスが、その思想の基本的カテゴリーを形成するのは、マルクスの思想圏においてであるよりも、むしろヘーゲルのそれにおいてであるということ、そこにハーバーマスの〈問題意識〉の独自性がある。

ところで、相互主体性の概念は個別的主体のその主体性の稀薄化を意味せず、ヘーゲル流にいえば、むしろ〈個別性の絶対的救済〉を内含する概念である。〈相互承認〉において、つまりは相互媒介的に〈我〉の同一性を、互いの個別的非同一性にもかかわらず〈制度的〉に承認しあうこと、この〈相互行為〉をハーバーマスは〈制度的枠組〉とよび、他方、労働を〈目的合理的行動の下部体系〉とよぶ。

両者はいずれも〈解放〉に関係するが、その質において〈同一〉の解放を意味しない。また、解放は〈合理化〉を意味するが故に、合理化にも質的差異が生じることになる。解放としての合理化にひそむ問題性に、まず留意しておこう。

「目的合理的行動の下部体系の水準では、科学技術の進歩が社会体制や社会の部分領域の再組織をすでに強行し、さらになおいっそう要求している。だが、この生産力の進展過程が解放をうながす潜勢力となるのは、それがもうひとつの水準での合理化を代行しない場合にかぎられる。制度的枠組の水準での合理化は、ことばに媒介された相互行為という媒体のなかでしか、つまり、意思疎通の制限の除去をつうじてしか成就されない。行動をみちびく原則や規範が適切でのぞましいかどうかを、進歩する目的合理的行動の下部体系が社会文化にたいしておよぼす反作用にてらして、公開の場で、なんらの制限なく、支配権力から自由に討論すること——政治的な、またたえず政治的になっていく意思形成過程のあらゆる水準でこうした意思疎通をおこなうことが、〈合理化〉といったことを可能にする唯一の媒体である。」（長谷川宏訳『イデオロギーとしての技術と科学』紀伊國屋書店、九五頁）

科学や技術の水準での合理化が〈生産〉に関わるのに対し、相互行為の合理化は、実践の領域（生活世界）に関わる。技術＝生産の問題と、実践＝相互行為の問題とは次元を異にしており、この差異性を前者を中心に消去することが、あの〈生活世界の植民地化〉という事態の一側面である。

2

技術と実践の差異は、道具的行動と伝達的行動、生産知と反省知、自然と制度、等の関係にみられる差異に対応している。そして、ハーバーマスの思想圏において重要なのは、これらの対関係項の後者の方である。いうまでもなく、これらの差異は〈認識を主導する関心〉の差異に由来する。

ところで、認識（Erkenntnis）も関心（Interesse）も、ディルタイのいう〈生命連関〉に関わる概念である。「認識は、有機体が変動する環境に適応するためのたんなる道具ではないし、また純粋な理性的存在者の行為でもなく、また観想として、生の諸連関から完全に解放されているわけでもない。」（前掲『認識と関心』二〇六〜二〇七頁）同様に〈関心〉も単なる利害意識と同一視されてはならない。「私が関心と呼ぶものは——とハーバーマスはいう——人類の可能的な再生産と自己構成のための特定の基本的条件、すなわち労働と相互行為に固く結びついている根本的定位のことである。それゆえ、これらの根本的定位が目指しているものは、直接に経験的な欲望の充足ではなくて体制問題一般の解決である。」（同、二〇六頁）

〈体制〉問題は生の維持の問題ではあるが、しかし〈種の保存〉の問題とは次元を異にする。「人間学的水準における生の再生産は、文化的に労働と相互行為によって規定されているから、労働と相互行為という生存条件にからみついている認識関心は、生殖および種の保存という生物学的準拠枠の中では捉えることができない。」（同、上）労働は人間と自然との関係であり、相互行為は〈制度的枠組〉を形成する〈人間と人間〉との関係であるが、この二種の〈関係〉を、人類の自己構成的な〈反省の経験〉（ヘーゲル）の契機として重視する、というのがハーバーマスの基本姿勢である。〈反省の経験〉とは、人類という「主体がその発生史のなかで自己に対して透明になればなるほど自分の内に経験する、反省の解放的力の経験のことである。」（同、二〇七頁）

3　〈労働と相互行為〉は、それぞれ道具的行動と伝達的行動とを通して人間に二種類の〈現実〉をもたらす。それは、マルクスにおける〈生産力と生産関係〉がやはり二つの〈現実〉と結びついているのと同様である。だが、ハーバーマスの〈労働と相互行為〉は、マルクスの〈生産力と生産関係〉に対する批判を含んでいることが注目されるべきであろう。その要旨は、マルクスが〈生産〉の概念を重視するあまり、人間と自然との〈総合〉あるいは〈類の自己構成〉を生産＝労働の問題として縮小化した、という点にある。

「マルクスの社会理論は、その当初から、道具的行動が累積している生産力と並んで、生産関係という制度的枠組も採り入れている。この理論は、記号によって媒介される相互行為の連関と、支配およびイデオロギーがそこからのみ理解される文化的伝承の役割とを、その行使にあたって隠してはいない。しかし、その哲学的準拠系の中に、行使のこの側面が入ってこないのである。」（同、五二頁。傍点筆者）換言すれば「マルクスは、かれの実質的分析においては、物質的活動性およびイデオロギーの批判的止揚、道具的行動および革命的実践、労働および反省のそれぞれを一体とするカテゴリーの下で、人類史を捉えている。しかしマルクスは、自分の仕事を、労働によるだけの類の自己構成という限られた考え方で解釈する。」（同、五三頁）労働＝道具的行動が〈生の維持〉に不可欠であることはいうまでもない。ハーバーマスがめざすのは〈反省の経験〉の新しい形態である。いわば、生産知から自由な、かつそれをつつみこみうるような反省知の形成がめざされているのだといってよいだろう。

4　ハーバーマスはいう。「マルクスのうちにある観念論的伝統の遺産は、暗黙のうちに綜合が座標の原点であると決めている。すなわち、それは、主体的自然の一部とこの自然に対して客体的な自然との綜合である。」（同、三〇〇頁）しかし、その場合、「認識主体としてのわれわれは原理的に、この『自然自体』〈能産的自然《ナトゥラ・ナトゥランス》〉の主体的自然と客体的自然への分裂の外側に、あるいはその『下側に』さえ身を置くことができない。」（同、三〇一頁）ここで指摘されている事柄は、あくまでも原理的な問題点である。〈自然〉あるいは〈生産〉の外側に身を置く構えの必要性に力点は置かれている。マルクスにおいては「かれの唯物論的な、人間と自然の綜合の概念があくまで道具的行動のカテゴリー的枠組に限定されていた。この枠組の中で、生産知は正当化されたが、しかし反省知はそうではなかった。」（同、二九五〜二九六頁）

生産知が、生産活動における〈技術的処理〉に有効な知識であるのに対し、反省知は人倫関係における認識主体の自己反省に関する知識である。〈反省知〉を正当化しうる〈人間の科学〉はいかにして可能か、これがハーバーマスの解釈学や精神分析に関する思索の原点をなす、といってよい。〈生産力と生産関係〉からなる社会的労働体制を人倫の弁証法の範型とする限り、〈労働と相互行為〉は、綜合の位置から転落する。マルクスの場合、人倫の弁証法は〈闘争〉の形態をとる。「マルクスは、人間が、外的自然の獲得によって自らの生を再生産するために生産を行なっている社会として、人倫の全体性を捉えている。〔中略〕社会的労働を基盤として遂行される人倫の弁証法をマルクスは、特定の諸党派の間の限定された闘争の運動法則として受けとっている。この闘争は、つねに、社会的に産出された生産物の獲得組織をめぐって行なわれるが、その反面、闘争する諸党派は、生産過程におけるそれらの地位によって、すなわち階級として、規定されている。階級対立の運動として、人倫の弁証法は、社会的労働体制に拘束されている。」（同、六八頁）

経済的窮乏を軸とする〈人倫の弁証法〉とは別に、制度的支配（抑圧）を軸とする〈人倫の弁証法〉からの解放を〈相互行為〉の概念に托すという点に、マルクスとハーバーマスとのへだたりがある。このへだたりは〈弁証法的図式〉に関する理解に示されている。

「人類の意識の完成が、もっとも卑しめられ飢餓と暗愚の極にある個々人の頭の中で起こるという見方は、疑わしい見方である。人類の自己意識は、肉体的搾取のためにすべての意識的努力が初めから社会的偶然にゆだねられている階級の内部で、悲惨の非真理に対する反応として生ずるよりも、むしろもともと高い意識水準へ引き上げられている社会の内部で、富の非真理に対する反応として達成されるという方が、自然ではあるまいか。現にあるものを可能であるものにてらして判定するように人民大衆を動かす可能条件は、悲惨のさなかでの極貧状態よりも、富裕のさなかでの極貧状態によって作られるのではあるまいか。まぎれもない貧困の弁証法よりも、偽りの豊饒さの弁証法の方が、非合理的な支配に対する反省へ人びとをみちびくのではあるまいか。」（ハーバーマス、細谷貞雄訳『社会哲学論集〔Ⅱ〕』未来社、四九二～四九三頁）

歴史的事態の〈具体的分析〉に即してのみ弁証法は成立しうると考えるハーバーマスにとっては硬直した〈図式〉は実践的内容をもたない。非合理な支配の〈合理化〉という事態こそ生活世界にとっての危機を意味する。だが、この点は〈晩期資本主義〉や〈コミュニケーション的行為〉に関する論述に即して、後に触れることにしよう。

そのとき、あらためて、階級構造の匿名化、階級意識の稀薄化、階級対立の鎮静化といった事態を生みだしている現代状況下での〈人倫〉の危機、というハーバーマスの問題意識とも接点をもちうるであろう。

3　生活世界の合理化

ところで、道具的行動と伝達的行動とは、経験的・分析的研究（自然科学、法則論的言明とに関連する）と解釈学的研究（精神科学、解釈学的言明とに関連する）という科学様式の差異にも関連する。この〈差異〉に内在する問題点を次にみておこう。

1　〈説明〉と〈了解〉という二つの認知作用に応じて、二つの〈現実〉が与えられるという点に着目すべきである。

「経験的・分析的研究は、前科学的に道具的行動の作用圏内で遂行されている、累積的学習過程の体系的継続である。解釈学的研究は、前科学的に、記号によって媒介された相互行為の伝承関連の中で慣用されていた了解過程（および自己了解過程）に、方法的形式を与えるのである。前者では、技術的に使用可能な知識の産出が問題であり、後者では、実践的に有効な知識の解明が問題である。経験的分析は、対象化された自然過程の可能的技術的処理という視点の下に、現実を開示する。これに反して解釈学は、行動を方向づけている可能な了解の間主観性を（異質の文化の解釈という水平面と自身の伝統の領得という垂直面とにおいて）保証する。」（前掲『認識と関心』二〇〇～二〇一頁）

道具的行動の〈先験的枠組〉と、伝達的行動の〈先験的水準〉という二種の〈先験的視点〉に由来する〈知〉はすでに前科学的ではない。それらは、いわば法則定立的知と解釈的知という科学性をおびた知であり、他方、それらの知のあり方に対応する〈現実〉も科学的である。自然科学的現実が意図的に確立された研究方法論という先験的枠組（条件）のもとで構成されるのに対し、解釈学的現実は、実際の生活領域の半透明の水準の中から浮彫りにされた現実である。その意味において異なる二つの現実は、対象領域の違いから自ずと生じる差異性にもとづくものではない。二つの現実は、むしろ道具的行動と伝達的行動という〈行動〉の異質性に由来する。そして重要なことは、両者の否定的な関係という事態である。ハーバーマスはいう。

「現実〔解釈学的現実〕は、伝達し合う集団の日常言語的に組織された生形式の枠内で、構成される。現実的なのは、いま通用している記号系の解釈の下で経験されるものである。その限りにおいて、可能的技術的処理という視点の下で客体化されたあの現実、ならびにそれにふさわしく操作化された経験は、ひとつの極端な事例と考えることができる。この極端な事例を特徴づけているものは、次の事柄である。言語は相互行為とのかみ合いからはずされ、独白《モノローグ》的に完結していること、行動はコミュニケーションから切断され、目的合理的な手段的使用という孤独な行為へ縮小されていること、最後に、道具的行動の成果を繰り返し経験できるように、個別化された生の経験が消去されること――要するに、ここでは伝達的行動の諸条件がまったく廃棄されている。」（同、二〇二頁）

さしあたり、ここでは、道具的行動の先験的枠組（条件）は、日常的生活世界としての経験世界に〈もとづけ〉られている、という点を確認するだけでよいだろう。〈先験的枠組〉は〈先験的水準〉のもとで構成されるのであって、その逆ではない。

2　ところで、法則定立的知は論理学の規則に拘束されるのに対し、解釈学的知が〈了解〉に依拠するのは、〈生命連関〉そのものが目的や価値や意義といった〈意味〉の契機によって構造化されているからである。意味連関の場としての経験世界は、論理学の合理的説明という枠組には原理的におさまらない。〈意味〉は生活的な水準のもとで、相互主観的に〈了解〉に即して保持されている。行動を導く知としての〈規範知〉が埋めこまれているのも〈意味〉の地平である。

ハーバーマスの基本的関心事は、この意味地平の合理化、つまりは〈生活世界の合理化 Rationalisierung der Lebenswelt〉にある。その合理性は、目的合理性でもなければ、無矛盾性を理想とする形式的論理学的合理性でもなく、いわば〈妥当性の理性化〉を眼目とする合理性である。ここでいう〈妥当性〉は単なる有効性や通用性のことではなく〈根拠〉を意味する。これは、科学理論の領域では〈論拠〉の妥当性に関わり、社会理論の領域では〈合意〉の妥当性に関わる問題を含んでいる。支配と抑圧、強制と服従が〈合意〉の妥当形式であるならば、それはRatioとしての根拠を欠くことになる。同様に、解釈学がその〈追体験〉に際して、解釈主体の絶対化を図り、かつ解釈対象たる〈他者〉のうちに〈生の同一性〉を設定するならば、解釈学は一般に〈他者〉を見失うことになるであろう。理論的図式がその対象に押しかぶせられるとき、解釈学的知は非理性的となる。

独断的であることは〈独白的《モノローグ》〉であることを意味する。独白的な論理構制は、根拠の私物化と自己意識の客観主義的な物象化とを内含しているといってよい。〈法〉に関連づけていえば、絶対的根拠の設定とそこからの流出論的論理展開を旨とする〈自然法〉的思考法は〈妥当性〉問題を排除するという意味において独白的である。〈妥当根拠〉と〈妥当内容〉の区別のもとに、根本規範を妥当根拠とみなし、妥当内容を不問としたケルゼンの場合がその典型である。ここで、ハーバーマスの論文「実証主義的に二分割された合理主義への反論」（アドルノ／ポパー他、城塚・浜井訳『社会科学の論理——ドイツ社会学における実証主義論争——』所収、河出書房新社）に一瞥を投じておくことは有意義であろう。

「経験主義は——とハーバーマスはいう——伝統的認識批判一般と同じように、厳密な知識の妥当性を知識の源泉へと訴えることによって正当化しようと試みる。にもかかわらず知識の源泉には、純粋な思考や伝説にも、感覚的経験にも、同じように権威が欠けている。そのいずれもが無媒介の明証性や原初的な妥当性を、それゆえに正当化の力を主張しえないのである。知識の源泉はいつもすでに不純化されており、根源への道はわれわれにとって遮られている。したがって認識の出所への問いは、その妥当性への問いによって置き換えられねばならない。」（同、二四六頁）

認識の〈正統性 Legitimität〉によって、その妥当性を正当化しようとすれば、妥当性の概念は、機能的有効性と同等の戦略的概念に変質することになる。〈根源への道〉がすでに崩壊しているポストモダンの状況下で、言明の〈妥当性〉を根拠づけるものは何か。合意、対話、コミュニケーション、相互性、間主観性といった解釈学的概念は、結局、この問い故のものである。これらの概念は、少なくとも〈正統性〉による〈妥当性〉のイデオロギー的正当化を排除するための〈公共性〉の場の形成に役立つであろう。

3　ところで、法則定立的知と解釈学的知との差異は〈普遍と個別〉の関係の理解の差異を示している。「解釈学的理解は、普遍的である外はないカテゴリーにおいてかけがえのない個体的意味を把握しなければならない」（同、一七一頁）のであるが、しかし「個体化された生連関の意味が、どのようにして普遍的である外はないカテゴリーにおいて把握され、また表示されうるか」（同上）という問題が、ここでいう〈普遍と個別〉の関係の問題性である。ここでは、この問題は「普遍的言明の論理の背後に具体的な経験世界が残留しているために立てられるのではなく、この論理が生の経験に適合しないために――もっとも生の経験は、日常言語においてつねにすでに分節しているが――立てられる。」（同、一七四頁）具体的経験の〈匿名化〉的客体化としての普遍的表現を可能とする理論言語と日常言語の対比関係が、ここでのもう一方の問題である。

法則の普遍性とそれに包摂される〈事例〉としての個別との関係においては、個別相互の〈非同一性〉は捨象される。他方、日常言語の普遍的妥当性にもとづく〈共同性〉としての普遍性と個別との関係においては、個別相互の関係は、言語共同体内の〈共演者〉として非同一性を保持しつつ互いに当の共同性を維持するという形をとっている。ハーバーマスにとっての〈対話〉や〈コミュニケーション〉の概念は、単に互いに〈わかり合う〉ための媒体といった機能主義的な概念ではなく、社会的行為論あるいは社会構造論に関する基礎的概念であることに留意すべきである。それに応じて〈言語〉もまた、ことばや態度や行動をも含む〈言語的記号〉として広義に解釈されねばならない。この文脈において「共同（共通）性とは、同一の言語によって相互に伝達し合っている諸主体の集団に対して同一の記号がもっている間主観的な拘束性のことである。」（同、一六七頁）

了解の間主観性（相互＝共同主観性）は、無前提・無条件に成立するものではない。記号を媒介とする相互性は、間主観的に拘束された〈記号〉に、間主観的な〈拘束力〉を与えるという二重の拘束性に依存している。この言語のもつ〈拘束力〉は、共同的な〈規範〉として〈了解〉の制度的枠組を形成しているが故に、各主体の自己記号化にはおのずと制限がある。この枠組の拘束力が抑圧的に作用する場合には、了解の間主観性は、主体相互の〈自己疎外〉の現象形態をとることになるだろう。ハーバーマスがフロイトから得たことは「制度的枠組は、言語的に解釈された欲求をたんに認可するだけでなく、方向変換し、変形しそして抑圧する、強制的な規範からでき上っている」（同、二九三頁）という点に集約することができる。制度的（社会的）に解決されるべきことを個人的に解決すること、そこに〈神経症〉の本質がある。

4　世界の脱呪術化

さて、言明の妥当性は、道具的知においては論理的無矛盾性という意味での論理的整合性に、他方、伝達的知においては支配や抑圧のない正義や公正という〈価値〉に、それぞれ即して測られる。この区別はしかし、形式論理的かつ理念的な尺度によるものであり、それはちょうどケルゼンの〈存在と当為〉の峻別化の場合にみられる事態と同様である。だが、形式論理の場から離れ、〈社会〉の場で、しかも過程と形成の動きに沿ってみずからの論理を展開する弁証法的思考においては、〈存在と当為〉は分離関係を示さず綜合関係のもとにある。形式的分離の関係の自明性を、社会的綜合の関係の事態性へと転換することの中に、弁証法のもつ〈批判〉の要素がある、といってよいだろう。ハーバーマスにとっては〈労働と相互行為〉の関係は、既述のように、綜合のそれである。その〈綜合〉の概念に内在する批判的要素の中に、マルクスとフロイトの存在をみることは容易である。社会の中で真理となった非真理、非真理となった真理、この〈真と非真〉の関係の場が〈綜合〉である。それ故、綜合の場は、価値中立的な場ではない。

1　技術的認識関心が実践的認識関心を支配するとき、実践的問題は技術的処理の対象となる。〈価値中立的手段の目的合理的選択〉による技術的処理ということ自体は、むろん価値的である。だが、その価値性は実践的問題にとっては、非真理的である。アドルノの表現、つまり「事態《ザッヘ》は、命題をいくつか結びつけた輝ける体系的統一に対しては反抗する」（前掲『社会科学の論理』一三〇頁）にならっていえば、実践の問題は、技術的処理の輝ける合理性には〈反抗〉する――というのも、その輝ける合理性が非真理的であるからである。

技術的認識関心の物神化は、実践的問題の領域を物象化する。それはまさに、魔術化から解放された非神話的世界をふたたび〈神話化〉することに等しい。道徳・倫理からの解放によって自律性を得んとした〈法実証主義〉が、その自立性の〈物神化〉によって、法の世界をふたたび神話化するといった事態に共通するものが、そこにはある。

実践的問題は、上記の意味での〈綜合〉の場に、その事態性を維持している。綜合の場は弁証法の場であるが故に、単なる〈技術〉的問題とみえたものも、〈実践〉的問題性（実践的位置価）をおびることになる。いいかえれば、技術は実践との接触によって、社会的非真理の産出に加担するという事態が発生する。道具的行動圏に属する技術と、伝達的行動圏に属する実践との関係において技術が手段としてポジティブにもネガティブにも〈作用〉しうるのは、実践の問題が生産の問題に還元しえないからである。

科学＝技術的知は脱価値的な論理的〈真―偽〉の基準に従うのに対し、〈事態〉の実践的知としての弁証法的知には、そうした論理的基準は存在しない。では、弁証法は脱論理的であるのか。弁証法を〈事態〉から切り離して思考の客観的図式として客対化するならば、それは弁証法の物神化につながるであろう。

ハーバーマスによれば、経験科学的合理主義、あるいは〈実証主義的に経験科学にまで縮小された認識〉は、原理的に生活連関あるいは生活世界の〈不完全な合理化〉しか遂行しえない。合理化の射程とその合理性の質の問題の存在こそ、弁証法の存在理由とその思考様式を規定している。それ故、ハーバーマスの次の自問は正当である。

「実証主義が主張するように、弁証法は再吟味可能な反省の限界を踏み越え、いよいよもって危険な反啓蒙主義のために理性の名を不法にわがものとしているのか、あるいは逆に、厳密な経験諸科学の法典がより広範におよぶ合理化を恣意的に内々に阻止しており、精密な区別立てと手堅い経験という名のもとで、反省の強さを顚倒させて思考そのものに対する制裁にしてしまっているのか」（同、一七四頁）

2　存在と当為、事実確認と価値判断、自然法則と社会規範、記述的言語と規範的言語、あるいは外的自然と人間の内的自然、使用価値と交換価値、法と道徳等々の、一見して乖離の関係にあるとみえる（あるいはみなされる）在り方のうちに〈対話〉（dialogue）の関係をもちこむこと、それが dialectic の本領をなす。monologue の領域における厳密さと精確さの追求という〈合理化〉のほかに、dialogue の領域における〈非真理〉の排除という〈合理化〉もある。dialogue の関係の硬直化と自閉化、つまりはその関係の結節点たる〈ロゴス〉の抑圧という事態の打開が dialectic の使命であるだろう。〈実体性〉ではなく〈関係性〉の優位性、〈観察〉ではなく〈参加〉の優位性、〈主観性〉ではなく〈間主観性〉の優位性、これらの点が dialogue の概念には含まれている。ハーバーマスの〈合理化〉は、関係性や間主観性や参加の〈優位性〉という観点からみた〈事態〉の非真理の排除を意味するものである。そこには、M・ウェーバーのいう、世界の脱呪術化としての〈合理化〉が生みだした不合理への反省が働いている。

〈合理性〉の概念を実証主義の占有とすることは、それの物象化を意味する。それはまた、それに内在する ratio の硬直化を意味する。認識は実証的な事実関係の厳密さの探求に縮小され、認識を導く〈関心〉の多様性は不問とされる。実証的論拠なき事柄の裁定は〈決断〉の問題とされ、したがって、社会的規範の領域は、それが実証的論拠による〈真—偽〉の裁定可能性を原理的に欠く故に、決断の領域とみなされる。また、論理関係の絶対性を合理性の水準とみる立場においては、一般に言明の規範的妥当性というものは、それがいかに根拠ある関心に発するものであれ、問題外とされる。

3 〈認識〉が客観主義の内側に押しこめられることに対応して〈価値〉は主観主義の内側に閉じこめられる。規範知に含まれる価値性が〈主観主義的非合理性〉の捺印を押されるのはそのときである。〈認識〉の特殊的合理化が〈価値〉の特殊的非合理化を生みだす、というそのこと自体に価値的判断的要素がひそんではいないか。〈批判 Kritik〉は常に〈危機 Krisis〉に対応している。客観主義あるいは実証主義に内在する価値判断そのものにおける危機に対応せずして弁証法が批判的であることはできない。客観主義における〈客観性〉は、しばしば主観主義的に正当化される。その点、アドルノが〈言語の二重性格〉について述べたことは貴重である。

「言語の二重性格は、言語が実証主義者たちと同盟を結ぶ限り、言語がその客観性を主観的志向によってのみ獲得するということのなかに、はっきり現われる。できる限り厳密に表現すると主観的に考える者のみが、言語の客観性に従い、その客観性を強めるのであり、他方、言語の即自存在を、その存在論的本質と同様に頼りにする試みはすべて、言語的形象を実体化するという端的な主観主義に終ることになる。……多くの科学主義者たちの文体上の粗略さ――これは言語の表現契機についての禁制《タブー》によって合理化される――は、物象化された意識を示している。科学は独断的に、主観によって貫通されるべきでない客観性をもつものとされるから、言語的表現はつまらぬこととして扱われるのである。つねに事態を、主観的媒介なしに、即自存在として定立する者にとっては、定式化はどうでもよいものとなるが、それは事態の偶像化という犠牲をはらうことになる。」（同、八〇頁）

ところで、当面の問題は、〈存在と当為〉や〈事実確認と価値判断〉の関係にみられる分離現象がはたして一定の価値判断によるのではないかどうか、である。ハーバーマスの見解はこうである。

「必然的に状況に拘束されている経験が、厳密に科学的な認識態勢の中へも参与してくるのだとすると、認識を先導する関心を監査して、これが正当な客観的な関心であることを明らかにすることが必要になる。さもなければ、合理化の過程を勝手に打ち切ってしまうことになるであろう。たとえば（社会危機の不安定さの経験から起こった）統合理論が、社会体制を、均衡のとれた持続的な秩序と考える場合にも、また（政治的な強制的統合によるにせよ安定性の経験から起こった）葛藤理論が、おなじ社会体制を、内在的対立関係によってどこまでも不安定に流動しつづける支配結合と考える場合も、――いずれの場合にも、社会的全体についての或る先行的解釈が、これらの基本的カテゴリーの選択を左右しているわけである。そして注意すべきことには、これらの解釈は、全体としての社会がいかにあるかだけでなく、同時に、いかにあるべきかについての前理解でもあるのである。というのは、体験的状況における関心づけられた経験は、『存在』と『当為』を決して分離しないし、自分が出会うものごとを、一方で事実、他方で規範、というように分割することもないからである。このような分離は、科学によってはじめて導入されるものであって、そしてこれを弁証法的解釈が再び止揚するのである。」（前掲『社会哲学論集〔II〕』二六九〜二七〇頁）〈主体と客体〉の分離を設定した上で成立している実証主義は〈不完全な合理化〉を擬制的に〈合理化〉の範型としていること、また、現実肯定が現実否定かに代表される〈あるべき社会〉の像に合わせて、それを構成する諸カテゴリーが選択されるにもかかわらず、それらのカテゴリーがいわば〈存在 - 内在的 - 客観性〉をもつと称されること、それらの点には価値判断が含まれていよう。必要なことは価値判断的領域にも及ぶ〈合理化〉のあり方である。

5　マルクス理論を超えて

さて、技術的であれ実践的であれ、認識を主導する〈関心〉は、それ自体、価値的である。問題はそのいずれに〈批判〉と結びつく要素があるか、である。まず、ブロッホに関する次の記述がハーバーマス自身の立場表明を示すものである点に注目しておこう。

「批判が単に科学の成果を技術的に応用するだけでなく、科学を実践的意図に即して発言させるためには、批判が科学に対して優位を保持しなくてはならないことをブロッホは自覚し、もはや批判を科学と混同しない。」（同、三〇五頁）

むろん、ここでいう科学は実証諸科学のことである。そして、ハーバーマスはさらに次のようにいう。「社会的な具体的生活世界の歴史的に変化する経験連関に臨んで、批判はいかなる方法的客観化にも先立ってこれに参加し、ここから批判の手がかりそのものの正当性の根拠を得るべきではないのか。」（同、三〇七〜三〇八頁）「イデオロギー批判が技術的知識の経験科学的増加への関心によって悟性的に動機づけられているのか、それとも、啓蒙そのものへの関心によって理性的に動機づけられているのか」（同、三七一頁）、そこに問題があると。

1 〈存在〉の側の合理性に〈批判〉を基礎づけるか、それとも〈当為〉の側の合理性に基礎づけるか、この問題意識こそハーバーマスの実証主義批判の核心をなすものである。そして「対象化された過程を技術的に処理する性能と歴史的過程を実践的に支配する力との間に合理性の連続があると想定すべき根拠はない」（同、三八一頁）という自覚が、当の問題意識の背景知である。この自覚がさらにハーバーマスのマルクス批判の根拠をなすという点を、ここで指摘しておく必要があるだろう。

(1) まず次の中立的な表現がすでにマルクス批判の出発点であることの確認が肝要である。

「マルクスは、経済的社会構成体の発展を分析するために、社会的労働体制という概念を要求している。この概念は、自己自身を産出する類という考案の中に表明されているより以上に多くの要素をふくんでいる。社会的労働による自己構成は、カテゴリーの水準では〔科学的自己理解の水準では――筆者〕、生産過程として捉えられる。そして道具的行動は、すなわち生産的活動という意味における労働は、自然史がすすむ次元を画示している。これに対してマルクスは、かれの唯物論的諸探究の水準〔批判的自己理解の水準――筆者〕では、つねに、労働と相互行為をふくむ社会的実践を考慮に入れている。」（前掲『認識と関心』六三頁）

これは、マルクス理論における〈批判〉と〈方法〉との不連続の指摘が、カテゴリーの水準と探究の水準のそれに托してなされたものである。

(2) 同様のことを次の文章は、科学と批判との否定的関係を明瞭に示しつつ、こう表現している。

「マルクスは、人類の自然史的な自己構成作用という考案を二つの次元において展開していた。すなわち、第一に、社会的労働主体の生産活動によって推進され、そして生産諸力のうちに蓄積される自己産出過程として。そして第二に、階級の批判的・革命的活動によって推進され、そして反省の経験の内に蓄積される形成過程として。他方においてマルクスは、批判として、類の自己構成作用を再構成するあの科学の位置について釈明することができなかったが、それは、かれの唯物論的な、人間と自然の綜合の概念があくまで道具的行動のカテゴリー的枠組に限定されていたからであった。この枠組の中で、生産知は正当化されたが、しかし反省知はそうではなかった。」（同、二九五〜二九六頁）

ここでいう〈科学の位置〉とは、いわば批判知としての反省知における位置のことである。問題は、「批判が自分の哲学的由来に負うている要素を諸科学の実証主義的制限と対決させることを、マルクスは怠った」（前掲『社会哲学論集〔Ⅱ〕』三〇二頁）という点にある。

2　科学のもつ批判性を、実証科学のもつ批判性に制限することによって、その批判性を縮小させたこと、また、批判のもつ批判性をそうした実証主義的に制限された批判性と同一視することによって当の批判のもつ批判性から〈解放〉の契機を抜き去ること、さらには、批判のもつ合理性を実証主義的なそれに制限することによって、批判のもつ批判性から〈価値〉との接触をうばうこと、これらの点は相互につながっている。ハーバーマスの中にみられるいくつかのオプティミズムは、批判のもつ批判性の養分ともいうべきものである。

ところで、実証主義がその合理化を拡張すればするほど、それは〈事態〉との関係においてみずからを非合理化することになる。〈批判を科学と混同する〉限り、合理主義の生みだす非合理性は隠蔽されざるをえない。ハーバーマスのK・ポパー批判の要点もそこにある。例えば、こうである。「彼〔ポパー〕もまた一般的拘束力のある方法論の規則に従う経験科学的認識を、学問そのものと同一視し、理性的意欲の契機を洗いおとした思考の残余的性格を無批判に受け入れている。そして彼は、あらゆる可能的認識を技術的認識関心で独占することこそ、それにそぐわないすべてのものを評価や決断や単なる信仰という物神化形態で映し出す規範の原作者なのではあるまいか、ということを問題として問わずにいる。」（同、三八一～三八二頁）

合理性の概念が〈価値中立的〉なものと設定されることと、〈価値的なもの〉の実体化とは、同根源的現象である。これはまた、価値判断を〈独断的〉とみなし、それをイデオロギー批判の対象となすこととも、通底している。そこに共通するものは「脱理性化されたものごとの虚偽の合理化」（ハーバーマス）である。虚偽意識と虚偽社会の相補性が〈イデオロギー批判〉の水準を引きさげ、それがまた当の相補性を強化しているという状況下で、イデオロギー批判はイデオロギー温存の役割をになう、批判自体が虚偽的なものとなる。批判が虚偽化したとき、それが虚偽（イデオロギー）として排除するものと、それが真性として温存するものとは何か。

「今日許容されている唯一つの『価値』は、技術的勧告という形の条件づき予知によって保障されている目的合理的な手段選定の経済性であり、しかもこれさえ明示的に価値として主張されない。なぜならそれは端的に合理性そのものと同一であるように見えるからである。」（同、三六六頁）〈合理性〉が価値である。だが、〈価値〉は合理的ではない。この論法から導かれる結論はしかし、実践的な威力を発揮する。ハーバーマスはいう。

「経済科学的合理性の水道は、情動性の汚染を含んだ下水から濾化され、これらの汚物――主観的価値の質の圧倒的な水量――は、溜池に衛生的に封じこめられる〔いわゆる〈衛生完備の疎外〉〕。いかなる個別的価値も、意味の無意味な集塊とみなされ、ただひとつ非合理性の焼印を押される。その結果、一方の価値が他方の価値に対してそなえている優位、すなわちそれが行動に対して要求する拘束力は、何としても基礎づけられないことになる。こうしてこの水準のイデオロギー批判は、経験科学によって技術的処理の枠内に局限された合理性の進歩が、実践そのものの領域における非合理性の量の比例的増大という代価で買いとられるものであるということを、心ならずも証明しているのである。なぜなら行動は相変らず指南を求める。ところがそれが今では、技術の合理的斡旋といわゆる価値体系の非合理的選択とに分断されているのである。手段選択の経済性のために支払われる代価は、最高目標の選択における野放しの決断主義であった。」（同、三六七～三六八頁）

3　虚偽の虚偽たるゆえんは、その根拠の虚偽と成果の虚偽に支えられている点にある。ハーバーマスがその批判理論において継承する〈経験〉は、「洞察されずにいることにのみその客体性〔客観性〕を仰いでいる暴力関係を批判的に洞察して、それからの解放を得るという経験である。」（同、三五四頁）この経験の道――ヘーゲル流にいえば懐疑の道でもあり絶望の道でもあるが――を、あゆむこと、それが弁証法の現実的関心点である。批判（Kritik）は、啓蒙の弁証法においては単なる検討を意味しないことは、すでにみた。〈最高目標〉という価値的・実践的問題が決断主義にゆだねられるという点に、批判は当然、危機（Krisis）をみている。では、それはいかなるものか。

「先進工業社会の自己再生産の法則は――とハーバーマスはいう――、自然に対する技術的処理力の不断の拡大と人間及び人間関係の社会組織論的管理力の不断の精巧化の階梯の上でのみこの社会が生存を保つことを要求している。この体制の中で、科学と技術と産業と管理が連結して、ひとつの循環過程を成す。こうなると理論と実践の関係は、経験科学によって確かめられた技術の目的合理的な応用という意義しかもたなくなる。科学の社会的力量は技術的処理の威力へ還元され、啓蒙された行動の力量としての科学は、もはや考慮に入らなくなる。経験的分析的科学は技術的勧告を生産するが、実践的な問いには答えを与えない。〔中略〕それゆえに、科学化の過程が工学的に狭められた合理性の反省段階から離脱せぬままに技術的問題の限界を踏み越えて進むときには、特有の危険が発生するのである。すなわちそのときには、市民たちの運命の実践的統御に関して、もはや彼らの理性的合意が全く追求されなくなる。そしてその代りに、歴史の処理を非実践的に且つ非歴史的に、一種の完璧な歴史管理の方法で技術的に達成しようとする試みが登場する。」(同、三五四～三五五頁)

〈合意〉の実現の困難さをもって〈合意〉の概念の無意義さを衝く者がその故をもって〈合意の追求〉を可能とする社会体制をも衝く者であるならば、その批判そのものが危機的になっていることになる。合意的行為の射程の拡大化とその深化があってこそ、ハーバーマスのいう〈生活世界の合理化〉は増進が可能である。〈衛生完備の疎外〉と〈歴史管理〉の相補性が強化されている状況のもとでは、たしかに〈合意性〉の概念は〈同調性〉のそれへと転落する危険性を身におびている。だが、重要なことは、同調性は合意性の、まさに衛生完備の疎外態であることの反省である。

6　市民的公共性へ

さて、道具的行動と伝達的行動の分裂という状況認識がハーバーマスの〈法〉認識にも影響を与えている点に注目しておきたい。その準備の意味をかねて、まず次の記述にふれておこう。

「一九世紀後半に科学が工業社会の生産力へ格下げされていくにつれて、実証主義、歴史主義、実用主義が、この包括的な合理性概念の中から、それぞれ一断片をくずし取ってくる。生活連関の全体を反省しようとする偉大な諸理論の企ては、それまでは何の異論も受けなかったのに、これ以来は、それ自体すでに独断的だという不評に陥っている。細分化された理性は、仮説の経験的検証とか歴史的了解とか実用的な行動監査とかいう、主観的意識の水準へ格下げされた。それと同時に、関心と傾向は主観的契機とみなされて、認識の宮廷から追放された。希望の自発性、態度決定の作用、とりわけ重要性や無関係さの経験、苦悩と抑圧に対する感受性、成年性への情熱、解放への意志、自己現認の幸福——これらはすべて理性の本務的関心から放逐されることになった。決然たる理性は、啓蒙された意志の諸契機を洗いおとした。理性自身がわれを忘れて、おのれの生命を譲渡してしまったのである。そして精神を失った生が、いまや『決断』の名のもとに、恣意の存分を妖怪的につくしているのである。」（前掲『社会哲学論集〔Ⅱ〕』二六四頁）

〈生活《レーベン》連関の全体〉の反省、細分化された理性、苦悩と抑圧に対する感受性、希望の自発性といった事柄との結びつきを離れては〈批判〉は意味をなさない。ハーバーマスが〈法〉に向かうのもこの批判の観点からである。

1　古典ギリシャにおける法律（nomoi）と倫理（ethos）に支えられたポリス体制の崩壊は、ヘーゲル流にいえば、社会秩序の具体的普遍性が崩壊し、〈法〉が抽象的普遍性として形式化と抽象化を蒙る事態である。これはまた、一般的にいえば、学問知（episteme）と実践知（phronesis）の分裂、ハーバーマス流にいえば生産知と反省知（技術知と実践知）の分裂という事態でもある。〈法〉に関するハーバーマスの関心は、社会秩序のその秩序性の基盤たる〈公共の福祉 salus publica〉や〈共同の善 bonum commune〉が、国家理由（raison d'etat）や経済秩序の合理性（ratio）にとって代わられ、かつ、それと連動して〈社会の法技術的組織化〉が進み、かくして人間行動の規範知が法的技術知によって抑圧されるという〈事態〉に対応している。

ところで、近代法における法の抽象化と、法人格としての万人の抽象的平等性と、さらにその法人格の抽象的自由とは〈形式的〉な三位一体の関係にある。だが、周知のように、近代法の形式性と抽象性の中には、解放の契機と抑圧の契機とが含まれている。〈欲望の体系〉としての市民社会を普遍的なものとして承認すると同時に、その普遍性を法体系において物象化することによって、いわば〈外面的〉なものの内面化を通じて〈内面的〉なものの形成を図るという心的装置を制度的に個人に植えつけた、という二面性がそれである。ハーバーマスの問題意識に一瞥を投じておこう。

近代の形式法は〈実質的生活秩序〉の義務から解き放されたことの指摘につづいて、かれは次のようにいう。

「その形式法はむしろ、個人的任意にまかされた中性的な生活圏への参加資格を与え、この圏内では各市民が私人として収益極大化の目標を利己主義的に追求することが許される。〔中略〕しかし形式法は、倫理的に中性化された領域内における市民たちの行動を、内面化された義務による動機づけからまさに解き放して、各自の利害の追求へ放任するのであるから、そこから生ずる制限も、もはや外面的に課せられうるにすぎなくなる。形式法は原理的に自由権なのであるから、非公式な生活秩序から分離された形式法は、同時に強制法となる。それは私的自律への資格を付与するが、この自律の反面は、服従への心理的な強制的動機づけである。有効な形式法は、物理的に有効な暴力によってのみ外面的に実効化される。ここでは、合法性が道徳性から原理的に分離されている。」（『社会哲学論集〔I〕』七六～七七頁）

問題は〈中性的〉な生活圏における〈私的自律〉が、倫理的なものの崩壊の所産として出現する側面にある。普遍的形式的な法律の中へと解放され、そこで承認される〈自律〉は、生命・財産・自由の基本権の保障をその内容とするとはいえ、それ自体、利己的な——ハーバーマス流にいえばモノローグ的な——それである。法的規範の普遍性が硬直化して法律至上主義に変質するとき、個人はまさにその中性的な〈自律〉を介して、実質的に抑圧される。

2　ハーバーマスによれば、私人の実質的な生活秩序は〈公共性〉の場に根づいている。法の形式化は、私人をそこから遊離させるだけでなく、その公共性の場から論議を抜き去ってそれをも〈中性化〉する機能をもっている。そこには、ハーバーマスがその『公共性の構造転換』（細谷貞雄訳、未来社）の中で「社会の国有化が進むとともに国家の社会化が貫徹するという弁証法」（一九八頁）とよんだ論理が具体化されている。

ハーバーマスによれば〈市民的公共性〉のモデルは、〈公的領域〉と〈私的領域〉との峻別化を基準にしているが、今日ではその両領域の〈交錯〉により、特別な中間領域が形成されている。「この中間領域では、社会の国家化された領域と国家の社会化された領域とが、政治的に論議する私人たちによる媒介なしに浸透し合う。公衆は他の諸制度によって、この媒介の課題から大幅に解除される。」（同、二三二頁）すなわち「公的領域と私的領域との統合同化に対応して、かつて国家と社会を媒介していた公共性は解体した。この媒介機能は公衆の手を離れ、たとえば団体のように私生活圏の中から形成され、あるいは政党のように公共性の中から形成されてきて、今や国家装置との共働の中で部内的に権力行使と権力均衡を運営する諸機関の手中に渡ってゆく。」（同、二三三頁）

〈公共性〉の崩壊という現象は、擬似公共的意見（公論）の流通化、公衆の大衆化、専門家の脱公衆化、批判的公開性の操作的公開性化、意見の態度化、といった大衆社会化現象と同根源的である。これはまた、国家と社会の媒体としての公共性が本来的に保持していた政治的支配からの自由と政治的権力の〈理性化〉という理念が同時に色あせたということを意味する。

では、この文脈において反省あるいは確認の必要がある事柄は何か。ハーバーマスはいう。

「もろもろの社会組織によって横取りされ、集団的私的利害の圧力下で権力化した公共性は、みずからをも公開性の諸条件に容赦なく服従させて、ふたたび厳密な意味における公共性となるかぎりでのみ、政治的妥協への関与をこえて、政治的な批判と統御の機能を発揮することができる。変化した状況のもとで、古典的な公開性要求の趣旨を復古的なものへの錯倒から守るためには、非正統的な公開性要求による補充において、いままでみずから公共性の監視下に服するよりもむしろ他の制度の公共性を食いものにしてきた諸制度——とりわけ政党、ついでは政治的に有力なマスメディアや公共団体——などへも公開性を推し及ぼすことが必要である。これらはみな、国家を相手取って行動する社会的勢力の制度であり――すなわち、政治的秩序の内部で公共的機能を発揮する社会の私的組織である。」（同、二七七頁）「ブルジョア的政治国家におとらず、福祉国家的大衆民主主義においても制度化されている公共性の理念は、かつては、民間人の公共的論議の媒介によって支配権を理性化することであったが、それは今では、それぞれの内部構造と国家との交渉および相互間の交渉とにおいてそれ自身も公共性を守るべき競合的諸組織の相互監査のもとで、社会的政治的な勢力行使を――組織された私的利害の多元性によって限定された範囲においてではあるが――理性化していくという形でしか実現されなくなった。」（同、二七八頁）

公共的論議が利害競合の度合を強めることに応じて、合意もまた非公共的な妥協の産物という形での非合理性をおびることになる。それにはまた〈公開性 Publizität〉の変質という事態が対応している。

「本来、公開性は公共的論議と支配権の立法的創立との間の連帯、さらにはその支配権行使の批判的監視との間の連関を保証するためのものであった。今やそれは、非公共的意見の支配に対する支配という独特な相反並存性を可能にしている。それは公衆の眼前での正統性の立証とおなじ程度に、公衆の意識操作に奉仕している。批判的公開性は操作的公開性によって駆逐されるのである。」（同、二三四頁）

操作的公開性によって操作された〈共通性〉としての〈合意性〉には、論拠による妥当性も正当性も欠如するだろう。また、議会的公共性の場が擬似的なものと化す限りにおいては、公共的な論証的討議による〈合理性〉は妥協の合理性へと変質するであろう。それに欠落するのは〈真理性〉である。むろん、これは論理学上の〈真〉ではない。真理性とは、支配と抑圧の度合を測る尺度のごときものである。とりわけ、ハーバーマスにおいては、生活世界の合理化の度合を測る尺度を意味する。

3 論拠を論理学的な合理性の枠内に閉じこめるならば、一般に、行動規範に関する妥当性には〈論拠〉はないことになる。ハーバーマスのいう〈論議によって達成される理性的合意〉は、その点を補うものである。だが、理性的合意に真理性を承認するという動機そのもの、あるいは規範の正当性に妥当性を承認するという動機そのものに関する相互的な〈合意〉の妥当性は、倫理的なものである。この意味の〈合意〉の倫理的相互承認の相互内面化の可能性はすでに崩壊しているのか、それともいまもなお残存しているのか。その点の確認は〈言語〉領域でのコミュニケーションの次元ではたして可能なのか。

ところで、〈理想的対話状況〉と同様に、合意や論議の概念もまた〈理念型〉として受けとめるべきである。存在と当為の落差を批判的に把握するのが、それのもつ役割である。ハーバーマスの社会理論を批判理論たらしめているのは、その〈理念型〉のもつ現実照射力による。いまここでは、その点までの確認を次の文章で行なうだけでよいだろう。

「伝統的な階級社会や自由主義的資本主義の階級社会では、むしろ反事実的に利害の一般化可能性を主張あるいは想定する正当化のイデオロギー的形態が支配的である。正統化〔Legitimation〕はこの場合には、規範体系の妥当性の承認請求が正当であることを論述しつつ、同時に論議による妥当性の承認請求が主題化され吟味されることを回避するという二重機能をもつ解釈（伝承的叙述、あるいは合理的自然法におけるように、体系化された解説や論証連鎖）から成り立っている。この種のイデオロギーの特有な機能は、意思疎通の体系的制限を目立たせないことにある。それゆえイデオロギー批判の立場に立つ社会理論は、一般化可能な利害の抑圧というモデルから出発して、そのつど存立している規範的構造を、同じ条件下で論議によって形成されるはずの規範体系という仮説的状態と比較するときにのみ、社会の制度体系に組みこまれた規範的権力を確認することができる。」（前掲『晩期資本主義における正統化の諸問題』一八一頁）

社会的虚偽の安定化に資する〈規範〉が、ここでいう規範的権力である。また一般化可能な利害についての合意とは〈意思疎通によって共同化される欲求〉についての合意のことである。それ故、規範が正当化されるのは、この〈欲求〉がそこにおいて合意的に表現されているときに限定される。特殊個別的な欲望から一般化可能な欲求を論拠と論議にもとづいて確立し、それを相互主観的に内面化し、かつ〈制度〉において現実化する、という思考形態そのものも理念型に属する。

だが、多くの理念型的概念が組みこまれたハーバーマスの思考装置に特徴的なことは、そこにおいて〈個人〉とその〈自律性〉の尊重が確たる地位を占めている、という点に求められる。

7 批判原理としての真理性

さて、いまや有名な〈ハーバーマス―ルーマン論争〉に関説すべき時点に達したわけであるが、この論争は現代の世界像、社会像、人間像にまで及ぶきわめて多元的な内容をもつものである。それはまた、今日において〈法〉を論ずるにはいかなる基盤に降り立つべきかを如実に示しているという意味において、きわめて示唆的である。とはいえ、ここで、ひとまず、ハーバーマスの前掲『晩期資本主義における正統化の諸問題』に即して、もう少しハーバーマスの〈法〉理解の諸相にふれておく方が、上の論争理解のためにも有益であろう。

1 ハーバーマスの〈意思疎通的倫理〉にとって重要なことは、規範の普遍性〈言論によって相互承認された妥当性〉と各行動主体の自律性との関連づけの問題である。規範体系の〈真理〉関連性を方法的に確立することはいまなお可能か。また、〈個人の終焉〉がすでに現実的なものとなって、個人の動機発生が〈正当化を必要とする規範の内面化〉とは無関連化するまでに自律性はすたれてしまったのか。この二つの問題点は、ハーバーマスにとって

〈社会進化〉のそれである。

「社会はたしかにシステムでもあるが、しかしそれの運動様式は単にシステム自律性（支配力）の拡張の論理のみに従うわけではない。社会進化はむしろ体験世界の論理の境界内で推移し、この世界の諸構造は言語によって形成される相互主体性によって規定され、批判可能な妥当性の承認請求に依存しているのである。」（同、一二一頁）

ここに、上記の論争の結果が反映していることはいうまでもない。体験世界の概念は、〈社会統合〉（ハーバーマス）と〈体制統合〉（ルーマン）との区別における、前者の社会体制を象徴的に示したものである。また〈体験〉が、個人の内的自然と動機づけの自己確認との重視に由来する点も、ここでの重要点である。システムの自律性とそれによる個人の終焉という認識への対抗の意味が、それにはこめられている。とはいえ、体験の概念によって単なる個別性の確保が強調されているわけではないことも留意すべき点である。体験は、言語の普遍性と結びつく拠点のごときものである。ハーバーマスはいう。

「言語は一種の変換器のような機能を演ずる。すなわち、感覚とか欲求とか感情のような心的過程が言語的相互主体性の諸構造の中へ組みこまれるとき、いわば内部的間奏にすぎない体験は志向的内容へ――つまり、認知は言明へ、そして欲求や感情は規範的期待（命令ないし価値）へと変換される。この変換は、一方で意向や意志や快・不快の主観性と他方では普遍性の承認を請求する言明や規範との、両者の間の重要な差別を生みだす。普遍性とは、認識の客観性と有効な規範の正当性とを意味する。この両者が、社会的体験世界にとっても本質的な共同性を保証する。言語的共同主体性の構造は、経験や用具的行動にとっても、生活態度や意志疎通的行動にとっても、ひとしく本質的なものである。」（同、一六頁）

2

体験あるいは体験のもつ意味了解的作用に関する議論は、ハーバーマス―ルーマン論争においても重要な位置を占めている。ハーバーマスが体験を重視するのは、それが〈内的自然〉の概念と重なり合うからである。しかも、この〈内的自然〉は単に〈外的自然〉と対比関係にあるだけでなく、社会的規範や社会的制度と深い関連性をもつという点において重要である。例えば、前掲『認識と関心』では、こう述べられている。

「制度的枠組は、外的自然の強制をも——これは、自然支配の度合、社会的必要労働の割合、また社会的に拡大した諸要求に対する処理可能な補償の程度に応じて表現される——自らのうちにとり込み、これを欲動的欲望の抑圧によって内的自然の強迫に、従って社会的規範の強制に翻訳する。それゆえ、人倫的諸関係の相対的な破壊は、制度的に要求された抑圧の実際の程度と、生産力の所与の水準において必要な抑圧の程度との間の差異によってはじめて測定される。この差異が、客観的に余分である支配を測る尺度である。」（同、六八頁）

社会的規範の妥当性が〈抑圧〉によって支えられているとき、それには〈真理性〉はない。ハーバーマスが〈規範の妥当性の承認〉を、論議や検討や合意を通じて達成しようとするのは、規範を抑圧・支配関係という非合理性から解放し、それに〈真理性〉を得させんがためである。〈真理性〉こそ、根拠のある動機（合理的動機）を形成する。ハーバーマスにとっては〈正統化〉の根拠は、真理性である。それ故、規範的秩序が実定的に定められ、かつそれの合法性が信じられているだけでは不十分である。法実証主義的な〈合法性〉信仰は、根拠づけの放棄あるいはその無化の産物である。

複雑化社会におけるシステム自律化の前での〈個人の終焉〉に対抗して、内的自然や体験世界や生活世界の側に〈真理性 Wahrheit〉を据えつけようとするハーバーマスの意図は、いうまでもなく、その概念を批判原理として用いるという点にある。法体系が社会操作のための技術性を強めるに応じて、それは、権力と真理、暴力と真理といった生活世界的区分を曖昧にし、かつ、技術性に支配の合理性を内在化させるという危険度を高めている。ウェーバーのいう〈合理的支配〉はすでに非合理的な威力を発揮している。これが、法システムの〈合理性〉の中にハーバーマスがみてとる問題性である。

ハーバーマス―ルーマン論争は実は、意味や体験や言語といった人間的問題の次元での対決にその真価を発揮している。それが〈法〉理解にどう結びつくか、あるいは、いかに結びつけるべきか、それが問題点である。

注

第1章

（1） 恒藤武二編訳『現代の法思想』所収「法理学における定義と理論」（ミネルヴァ書房）一三九頁。規範をルールに還元する立場においては概してルールの正当性（Legitimation）の問題が欠落する。しかし、この問題は重要である。ラートブルフ『法における人間』〈ラートブルフ著作集〉第五巻、東京大学出版会）の以下の指摘に注目しておきたい。「法秩序は、人間の衝動が、法秩序の意思と同一方向にむけられているがために、その意思の実現を期待できると考える場合に、権利をあたえ、みずからの希望と逆行する衝動に対して反対動機を設定しなければならないと信ずる場合に、義務を課するのである。したがって、法秩序は、法秩序によって設定せられた権利と義務を通じて、法秩序自身、人間のなかにはどのような衝動が存在し、かつ働いていると考えているか、ということを明らかに知らしめている。」（四〜五頁）

なお、P・ノネ、P・セルズニック、六本佳平訳『法と社会の変動理論』（岩波書店）によれば、法は、抑圧的法（repressive law）、自律的法（autonomous law）、応答的法（responsive law）に分類できる。そして法実証主義は自律的法にあたる。抑圧的法は文化的同調（conformity）を求めて法を道徳化する（法道徳主義）のに対し、自律的法は、法の政治からの分離、法秩序の〈準則モデル〉への信奉、法の核心を〈手続〉に求めること、法への忠実等をその特徴としている。そして、いう。「準則中心的なシステムは、権威を一点に集中させる。これは、自律的法が官僚制と共有する属性である。法の支配モデルにおいては、法秩序は、階統的で単一的なものとして考えられている。法は国家法と密接に同一視され、国家は公務担当者たちの一枚岩的な階統秩序と同一視される。そこで法理学が追求するのは、命令の明確な連鎖と究極的権威の精確な在りかたとを立証するような法体系理論である。法規範の『血統書』と、政治的主権者に対する法の究極的な従属とを強調することによって、法実証主義は自律的法の精神を見事にとらえている」（一四一頁）と。ハートによれば、法実証主義は次の諸点を含む。法は人間の命令であること、法と道徳との間には必然的関係が存しないこと、法的概念の分析を重視すること（法の社会的目的とは区別した上で）、法体系は完結した論理的体系をなすこと、道徳的判断は合理的な論証や証明ができないこと（『法の概念』参照）。他方、H・ケルゼンにとっては、法の世界は〈意味の世界〉であった。実定法の当為は〈法規〉における要件と効果の結合に還元される。自然法が忌避されるのは、法はあくまでも〈人間の作品〉であること、自然法はそれを聖化（Verklarung）するが故にであった。

（2） この点については、井上茂『法哲学』（岩波書店）を援用しておきたい。「法秩序の実質は、政治・経済・道徳その他さまざまな生活分野の秩序態である。それらが社会体制の原理によって整序されて、公共秩序の形式に構成されたのが法秩序である。したがって、法秩序は、その実質をなす諸秩序とは次元を異にする秩序の形式である。しかし、この秩序の形式は、秩序の実質を抽象性・一般性の形で表明するというだけにとどまらない。それは、社会体制の原理・基準を通してふるいにかけて公共秩序の中味にとりあげた社会秩序の実質を、公共の機構によって実現・保障する作用をふくんでいる。秩序の形式としての法秩序は、この作用によって、単なる秩序の表明形式であることをこえて現実に機能する。」（一九〇頁）さらに、推論の合理性や論理性をそれとして活かしうる〈場〉の構成こそ重要であるとの主張も、傾聴に値する。「決定の法としての適正さにかかわる前提の設定に問題性があることと、結論への論理にかかわる推論過程での操作が合理性のものであることとはほんらい無関係である。後者が論証されても前者の問題性は残る。法秩序の実現過程を通じて最重要なことは全過程段階が『法』の実現に向かって進行していることであり、その過程から最終的に導きだされるものが人間社会での法であるということである。したがって、法実現過程の最終段階としての確定推論の過程に基本的なことは、そこでの推論じたいが論理性・合理性であることよりも、その推論過程の構成――推論の諸前提すなわち推論の枠組・基盤――が法として適正な結論を導きだし得る条件をなすものでなければならないということである。前提の設定およびそれによって確定される枠内での推論は裁判官のみによって行なわれる。しかし、前提が設定されるまでの法廷の過程は、それに参与する関係者すべてによって展開され推進される。」（二〇三～二〇四頁）

第2章

（1）ここであらかじめ、ルーマンの考え方を素描しておきたい。以下、N・ルーマン『法の社会学的観察』（土方透訳、ミネルヴァ書房）による。

まず、自己言及的システムとか機能システムとかよばれるものについて一定の理解を得ておく必要がある。ルーマンはいう。

「自己言及的なオートポイエーシス・システムとは、つぎのようなシステムである。すなわち、あらゆるシステムの作動は、つねにシステム自身に関係し、それゆえ自己に言及することなく外部への言及を生み出すことはできない。またシステムを構成する諸要素（たとえば巨大分子、細胞、神経インパルス、コミュニケーション、決定）は、システムを構成する諸要素を通じて自己自身を再生産する。〔中略〕機能システムは自己言及的なシステムとして分化完了する。というのは、ただそうすることによってのみ、システムの社会的自律性を実現するからである。この特性に、近現代の社会が有する構造的リスクと、起こりそうもないことが進化のうえで起こったという意味でのその進化上の非蓋然性が存する。つまり、自己言及的で、自律的で、作動のうえで閉じられたシステムを備えもつことが、それ

ぞれにとっての特殊な機能を有することにほかならない。」（第一部第一章）

例えば、法と宗教は互いに〈代理〉することのできないそれ独自の自律的機能をもっている（機能的明細化）。法システムもまた、閉鎖的であることによって自律性を得ている。この点を、ルーマンは次のようにいう。

「機能的な分化が完遂される条件のもとで、法の妥当は〈実定的〉である以外ありようがない。すなわち、法を通して法自身が定められるのである。法は、いかに法自身を再生産するか、つまり、いかに法によって法から法へと進むか、制御することができる。そして、以上のことを制御できるのは、ただ法だけである。」（同、第四章）

法の〈妥当性〉を保証する、法の外なる権威や根拠をもはや求めることはできない、という認識は、きわめてポスト・モダン的である。〈正義〉もまた、法システムから欠落する。ルーマンはいう。

「法システムの完全な分化は、独自の二分コードに導かれる。そのコードは、システムのあらゆる作動を、合法と不法という差異のもとに編成し、それ以外のいかなるコード化（たとえば真／偽、有益／有害など）も認めない。……法は、もはや単純に正しきものをシンボル化するのではない。まさに不法も正しき不法として配置されなければならない。」（同、第七章）

善きこと、正しきこと、真なるもの、公正なるものといった〈完全さ〉のシンボルを、法システムはみずから産出することはできない。

同書は、〈ポスト・モダン的〉とはどういうことを指すのか、という点をかなり明確に示している。合法と不法との区別それ自身が合法か不法か、という論点はもはや〈法〉の内部で処理できるものではない。そこで、この区別化それ自体の〈根拠〉を、他に、つまり法の外部に求めることとなるが、その〈外部〉は存在しない。ポスト・モダン的とは、内部・外部の存在〈根拠〉を喪失した事態をいう。ルーマンはいう。

「こんにち、人々は、法的でない規範のなかに法システムを基礎づけるため、モラルのルールないし価値を探している——たとえば、〈正当性〉に関するイェリネック、ヴェーバー、ハーバーマスのよく知られた一連の潮流や、モラルの向上と起草者の意図のどちらを憲法解釈の指針とするかというアメリカ人の議論がそれである。私の提言は、こうした問題を問わないということ——つまり、こうした問題を脱構築すること——となろう。そして、それらに代えて、いかにシステムがその閉鎖性を、その社会的自律性を、そしてその機能遂行における免疫性を組織するか、という問いを立ててみたい。」（第二部第三章）

後述のハーバーマス—ルーマン論争で明らかになったことは、実体的な〈根拠〉を喪失したこの時代に、いかにして、支配や抑圧を伴わない合理的根拠を創出するかにハーバーマスが関心をよせているのに反し、ルーマンは〈根拠〉問題をそもそも問わない、ということであった。本書でのルーマンの姿勢も、同じである。〈法システム〉の理論はモラル性のコード（良／悪、善／悪）に法的重要性を認めないのである。それらはシステム外的な要素だからである。ルーマンはいう。

「法システムは、それ自身の作動、構造および境界をそれ自身の作動によって生産する、閉じられたシステムである。その生産は、いかなる外部決定や、ましてや、いかなる外部の範囲設定を受け入れることによるものではない。より論点をしぼっていうならば、法システムは、包括的社会の作動における社会的ネットワークの部分として作業するのであり、まさにこの理由から裁決と範囲設定に関し外部の源泉を捜し求めることはけっしてない。法システムは、社会という包括的システムの部分として、自己―組織化、自己―決定するシステムであるほかにはなにも存在しない。またこの作業を行うことのできる外部システムも存在しないのである。」（同、第二章）

法システムの外部にあるもの、それは少なくとも〈法的〉ではない何ものかであって、法の了解外の事柄である。法システムが関わるのは、法的に〈理解〉された〈法的な〉何かである。例えば、〈神〉や〈神聖〉は法的な何かではないという意味で法システムの中に包みこむことはできない。これはH・ケルゼンの〈純粋法学〉に連なる発想である。問題はしかし、法システムの機能性は、ハーバーマスのいう人々の倫理的コミュニケーションの次元との接点を欠いては作動しないという点にあろう。同書は、ポスト・モダン的とはどういうことを意味するのか、とりわけ法の領域では何がポスト・モダン的なのかを示してくれる点を再度強調しておきたい。

（2）以下の邦訳を参照されたい。『法と社会システム』、『社会システムのメタ理論』、『社会システムと時間論』（〈N・ルーマン論文集〉I～III）、いずれも土方昭監訳、新泉社。ただし、全訳ではない。ルーマンの社会システム論を理解する上で有益な書物として、『社会システム理論の視座』（佐藤勉訳、木鐸社）も参照されたい。

第3章

（1）H. Kelsen, *Die philosophischen Grundlagen der Naturrechtslehre und des Rechtspositivismus*, 1928. S. 9. 黒田覚・長尾龍一訳〈ケルゼン選集〉1『自然法論と法実証主義』（木鐸社）、八頁参照。

（2）N. Luhmann, *Rechtssoziologie*, 3. Auflage, 1987（Westdeutscher Verlag）, II. 6, S. 100. 村上淳一・六本佳平訳『法社会学』（岩波書店）一一三頁。

（3）Reduktion が、諸事実の間に一様性（uniformity）を確立すること、つまり還元（reductio）を意味すること、それに対して、abduction が多なるものを一において実証することを意味すること、も注目に値する。この点は山内得立『意味の形而上学』岩波書店、第五章、参照。

（4）H. Kelsen, *Reine Rechtslehre*, 1934, §13. 横田喜三郎訳『純粋法学』（岩波書店）一五頁参照。

（5）H. Kelsen, *Die philosophischen Grundlagen*., §3. 前掲、一〇頁参照。

(6) H. Kelsen, *Hauptprobleme der Staatsrechtslehre*, Vorrede zur zweiten Auflage, VI. 森田寛二・長尾龍一訳、〈ケルゼン選集〉5『法学論』(木鐸社)、一六二頁参照。

(7) ケルゼンにとって〈国家〉は法的認識のための〈思考補助手段〉にすぎず、それ以上の不合理的実体性をもたない(〈ケルゼン選集〉5、一六七頁参照)。

(8) H. Kelsen, *Die philosophischen Grundlagen*, §33. 前掲訳書八五頁参照。現象(Erscheinung)の認識にいたりえても物それ自体(Ding an sich selbst)の認識にはいたりえない、とのカント的限界意識をケルゼンがともにしていることはいうまでもない。ここでは、カントが〈物自体〉の概念を〈当為〉に関連づけている記述に止目しておきたい。〈当為〉のもつ原理的問題性が明示されている。

「われわれは、ひとつの能力を保持している。この能力は、行為の自然的原因である主観的な規定根拠と結びつき、そのかぎりでは、それ自身現象(Erscheinung)に属している存在者《ヴェーゼン》の能力であるが、そればかりではなく、さらに、単に理念にすぎない客観的根拠がこの能力を規定しうるかぎりで、客観的根拠とも関係している。この客観的根拠との結びつきは当為(Sollen)という言葉によって表現される。この能力は理性と呼ばれ、そして、われわれがこの客観的に規定されうる理性についてだけ存在者《ヴェーゼン》〔人間〕を考察するかぎりでは、存在者は感性的存在者として見なされることはできない。むしろ、いま述べた特性は、物自体(Ding an sich selbst)の特性であり、この特性の可能性、すなわち、いかにして、まだけっして生じていない当為が存在者の活動を規定し、その結果が感性界の現象である行為の原因でありうるのか、をわれわれはまったく理解できない。しかし、それ自身理念である客観的根拠が、理性に関して規定的であると見なされるかぎり、感性界に結果をもつ理性の因果性は、自由《フライハイト》であるであろう。」(カント、土岐・観山訳、前掲「プロレゴーメナ」§53、中央公論社)

(9) カント、前掲、§34。なお引用文中、最後の「けだし、認識は……」の箇所の主語は、〈存在判断 die Seinsurteile〉であろう。

(10) 前掲『純粋法学』一七節。ここでいう〈事実的生起=出来事〉には、意欲や欲望のごとき、心的出来事も含まれる。事実上〈意欲〉された事柄とは逆のことが実定法として定立・措定されうる、という意味においても、実定法が〈事実遊離的〉側面をもつことは否定しがたい。勿論、ケルゼンは〈事実的生起〉のもつ無限の因果的連結関係のどの切断面にも〈規範性〉の要素は見出しがたいこと、規範性は Idee の Logik に内在的な要素であることも前提としている。

(11) 〈オイディプスの誤謬推理〉(市倉宏祐『現代フランス思想への誘い――アンチ・オイディプスのかなたへ――』(岩波書店)に目を転じておきたい。〈抑圧 refoulement〉を軸に展開される誤謬推理とは、〈抑圧から抑圧されるものの本性を結論する推理〉である。すなわち、「先ず、法律は虚構の欲望を禁止する。次に、こうした禁止が行なわれたのは、この虚構の欲望が実際に激しく求められていたからだとひとびとに思い込ませる。これが、法律のやり方である。これは、まさに法律が、無意識の抱いている意図を非難してこの無意識を有罪にするための術策である。抑圧するものと抑圧されるものしか存在しない二項体系であれば、形式的な禁止から実際に禁止されているものを結論することが可能であるかもしれない。ところが、無意識の抑圧構造は〈抑圧する働き〉、〈抑圧される対象〉、〈これのおきかえ〉の三項体系をなすものであるから、右の結論は成立しえない。ここには、抑圧を行う〈表象作用 représentation〉、これにより抑圧される〈表象表現〔代表表象〕représentant〉、おきかえられた〈表象内容 représenté〉の三者が存在するのである。この中で第三項の表象内容は、抑圧されるものについてごまかしのみせかけのイマージュを与えるものであり、このイマージュによって欲望は罠にかけられる。」（第二章二節、D）――これは誤謬がそのまま独自な意味をもつ一例である。本文との関係でいえば、無意味の意味といった場合の方が一般的であろう。

（12） J. Habermas, *Moralbewußtsein und kommunikatives Handeln*, 1983, S. 62. 三島憲一他訳『道徳意識とコミュニケーション行為』（岩波書店）第三章「ディスクルス倫理学――根拠づけのプログラムノート――」八九頁。ハーバーマスの問題意識の一端をみるためにも長文を次に引用しておこう。「行為規範の正当性（Legitimität）の観念は、事実的承認の構成要素と承認可能性の構成要素とに分解される。現に存在する規範が社会的に通用している（Geltung）からといって、それはもはや正当化された規範が真の妥当性を有すること（Gültigkeit）とは一致しなくなる。規範と当為妥当の概念におけるこの分化に対応しているのは、義務の概念における分化である。いまや、〔道徳〕法則それ自体に対する敬意が人倫的動機とみなされることはない。現に存在する規範へ依存するという他律性に対抗して、行為者が彼の行為を規定する根拠として、規範の社会的通用にかえてむしろ規範の妥当性（Gültigkeit）をかかげるという要請がおこなわれる。」（S. 173. 同、二五〇～二五一頁）「社会的世界がディスクルスの参加者の仮説的態度にもとづいて道徳化され、そしてそれによって生活世界の総体性から自立するようになると、真に妥当すること（Gültigkeit）とただ社会的に通用することとの混淆が解消される。そしてそれと同時に習慣化された日常のコミュニケーションの実践の統一性がくずれて、規範と価値に分解する。すなわち、義務論的妥当性という観点に基づいて道徳的正当化（Rechtfertigung）の要請に服しうる実践的なものの部分と、特殊な集合体や個人の生活形態に統合された価値の組織構成を包括する道徳化不可能な実践的なものの部分とに分解するのである。」（S. 189. 同、二七一頁）

道徳と生活世界、規範と価値という形の対立図式は、そのまま〈法と倫理〉に置換できる。しかしケルゼンの〈純粋法学〉はこの二項対立図式そのものの超出を図ったとみるべきであろう。

（13） 生活世界は Sinn や Wert と関連性が深い概念である。それをハーバーマスがどうみているかを確認しておこう。「もっぱら直観によって（intuitiv）現前させることのできる生活世界、言い換えれば絶対の確実性をもった無限定の背景としての生活世界から、その都度の（誤謬の可能性をひめた）同意達成の対象となりうる領域が分離してくる。この分化が進展するにつれて、疑いえない自明性の地平と、コミュニケーションの内容とされるものがよりはっきりと分離できるようになる。前者の自明性とは、テーマ化の対象とはされず、相互主体的に共有されたものとしてコミュニケーションの参加者がその背後に保持しているものである。後者は、コミュニケーションの参加者が世界の内に構成されたコミュニケーションの内容として対象に据えるもので、たとえば、彼らが知覚し操作する対象、彼らが果たしたり背いたりする義務、彼らが表明し特権をもって保持できる体験がそれである。コミュニケーションの参加者は、彼らの相互了解の対象を世界のなかの何ものか（Etwas in einer Welt）として、つまり背景としての生活世界から切り離されたもの、この背景から際立ったものとして理解するようになるが、こうした理解が進むにつれ、明示的に知られたことがら（explizit Gewußte）は、暗黙に信じられていることがらから分離し、コミュニケーションの対象となる内容は、知（Wissen）という性格をおびるようになる。しかもこの知とは、根拠《グルント》の潜在力（Potential）と結びついていて、妥当性（Gültigkeit）を主張したり批判したりすることが可能となるもの、言い換えれば、なんらかの根拠によって議論の対象となしうるものである。」（*Moralbewußtsein und kommunikatives Handeln*, S. 148-149. 前掲、二二七〜二二八頁）なお、「しかもこの知とは」以下の原文は次の通り。…das〔＝Wissen〕mit einem Potential von Gründen verknüpft ist, Gültigkeit beansprucht und kritisiert, d. h. mit Grunden bestritten werden kann.

（14）正当性の概念も機能化されていること、したがって問題化されていることについて、ルーマンは古典的な正当性論議との相違を次のように指摘する。「この相違は、第一に、正当性の概念を究極的な規範または価値に拠らしめること、ないし究極的な規範または価値の妥当についての確信の実際の普及に拠らしめることが断念され、この概念が機能化されて〔傍点筆者〕、妥当の信念の問題が変数として（als Variable）扱われるという点に存する。第二に、この相違は、こうして機能的にとらえられた正当性の概念がもはや政治システムにとっての外在的に与えられた根拠づけと可変性の枠づけとをあらわすものではなく、政治的システムのはたらきそのものをあらわす、という点にある。」（S. 266. 同、二九一頁）

（15）「不法行為構成事実をもって人が法を破ったり、害したりすることのように見せる幻影を純粋法学は解消する。」「不法行為の概念は法の体系外の（extrasystematisch）地位——前科学的の素朴な法律学であってはじめてこの地位にこの概念をおいておくことができる——を拋棄し、法の体系内の（intrasystematisch）の地位を取得することになる。」（*Reine*

Rechtslehre, §13. 前掲、五〇頁）

（16）規範的予期は〈抗事実的 kontrafaktisch〉な予期を意味した。その予期構造は〈ありそうにない unwahrscheinlich〉構造を創りだすことによって危険吸収の役割を果たしている。ルーマンの指摘をみておこう。「法定立過程に認知的要素が組み込まれているにもかかわらず法の規範性は依然として一つの支配的な構造要素である。それは、逸脱的なものともなりうる不確定的な現実に対して予期の〈妥当〉を支えるものであり、したがって予期のレベルで不確定性を排除することに役立ち、その意味で依然として、不確かな予期における危険の吸収に役立つ。」（S. 300. 同、三二七頁）

（17）部分システムと全体システムとの関係は、ゲシュタルト理論でいう〈図―地〉の関係に相当する。ただし〈図〉は〈地〉のはらむ問題の解決として機能している、とみるのがルーマンの考え方である。形式的にいえば、〈図〉の側に属するのは、無連関性（Indifferenz）、非蓋然性＝ありそうもないこと（Unwahrscheinlichkeit）、縮減（Reduktion）、機能（Funktion）、反射性（Reflexivität）などの概念であり、他方、〈地〉の側に属するのが、不確定性（Kontingenz）、複雑性（Komplexität）、分化（Differenzierung）、周界（Umwelt）などの概念であり、そして両者をつなぐのが進化（Evolution）の概念である、といってよい。問題の焦点は結局のところ、〈図―地〉のシンボル的構図が示している現代社会の〈現実〉とは何か、であり、あるいは、〈現実〉というシンボルは、システム相互の機能的共働による問題解決と未解決の状態を、どの程度の射程において捉えた表現であるとみてよいのか、である。

（18）J. Habermas, *Legitimationsprobleme in Spätkapitalismus,* 1973, I, 1. 細谷貞雄訳『晩期資本主義における正統化の諸問題』（岩波書店）九頁。

第4章

（1）行動する人間に関してA・ペシュカは『現代法哲学の基本問題』で次のようにいう。「法の特有の目的は常に他者の行態によって実現される。行動する人間の機能と観察する人間の機能が分裂するという日常生活のあの基本的事実は、対象化された制定的表現を、法のこの特徴において獲得する。観察する位置は法によって具現される。法のうちに規定された特有の目標は行動する人間の行態においてはじめて実現される。法が――それは人間の行態を規制するけれども――個別的、具体的な人間の行動に直接的には方向づけられていないという事実は、むしろなお日常生活の直接的実践からの法の隔たりと抽象を指示する。なぜなら、一方において法は〔中略〕直接性における具体的、個別的行態を偶然的、かつ固有の個別的諸特徴の全体性においては、含まず、これを抽象化し、いわゆる人間の行態をその類型性において表現するからである。他方において法は、この類型的な人間の行態を、具体的な個人の態度や活動に関連させずに、全社会もしくはそれらの部分または範囲の一つにとっての一般的妥当をもつ、実現されるべき、守られるべき行態として言明するからである。さらにこの普遍的な抽象的な法内容は諸事例のかなりの部分において、より広範な媒介的通路を通して、すなわち法適用を通して具体化され実現されるということである。」（三〇八頁）さらにいう。「法および法創造過程の意識性と被制定性は、法を人間の日常生活、日常活動にかんする社会的客観化としてきわ立たせる他の重要なモメントである」（同上）と。してみれば、法の規範性は、行動期待の予期としての意識性と対応関係をもっていることになろう。

　ここで、ポストモダンに言及しておくことは、ほとんど義務に属する。たとえば、リオタールの『ポスト・モダンの条件』（小林康夫訳、書肆風の薔薇）に多少言及しておきたい。〈知〉のあり方は、次の三つのゲームの型に区分される。真／偽が関与性をもつ表示的ゲーム、正当／不当の管轄に属する規制的ゲーム、効率／非効率が判断基準となる技術的ゲーム、がそれである。科学技術の発展は、人類の解放のためである、といった〈大きい物語〉の中で、その発展が正当化された科学を〈モダン〉という。今日では、科学技術は上の第三の効率性を基準とし、正当・不当の基準を離れ、みずからを正当化しようとすることを放棄している、というわけである。法が正当性を不問とし、手続の〈遂行性〉にその規範性を求めるようになると、法は第三の技術的ゲームの枠内に入ることになる。今日では、真／偽、正当／不当のゲームは影をひそめるようになり、脱正当化の現象が生じているという。しかし、上の三型は〈知〉の分割方法であって、知はほんらい豊かなものである。「だが、知（savoir）という言葉によって了解されるのは、単に表示的言表の集合〔＝知識〕だけではない。それどころか、そこには、なす術（savoir-faire）、生きる術（savoir-vivre）、あるいは聴く術（savoir-écouter）といった様々な観念もまた混在しているのである。この場合は、真理という唯一の判断基準の決定ないしは適用を遙かに越えた能力が問題となっているのであり、この能力は効率（技術に対する評価）、正義そしてまた幸福（倫理的な知恵）、音響あるいは色彩の美（聴覚的あるいは視覚的感受性）といった多様な判断基準の決定や適用へと拡がっているのだ。」（五二頁）いわば〈知〉が〈知識〉へと分割された状況があるという指摘である。

　なお、人間の動機づけの一面でしかない貨幣や技術の用語系を中心に人間を動機づけるのが〈本質的〉なことだとみなすことのうちには、効率を正当化の根拠とする考え方があって、この考え方が逆に〈人間〉の中に〈非合理〉なものを創りあげる、という指摘がケネス・バークの『動機の文法』（森常治訳、晶文社、四二四頁）の中にみられる。

（2）K・コシークは、その『具体性の弁証法』の中で「合理主義的理性は、結局のところ、合理的に把握し、説明することもできなければ、合理的に形づくることもできないひとつの現実を創造する」（S. 98. 同、一一六頁）という。その理由は、この種の理性が或る種の事実をおのれの外部へと排除せざるをえないからである。つまり、理性自身にとって捕捉しがたいものとしての非合理的な事実が、さらにまた、理性の支配と統御をのがれる非合理性としても規定され、結局それは二重の意味で非合理の現実性を獲得することになるからである。理性はこの非合理の現実を、おのれと〈並存〉させると同時に、それをおのれ固有の自己実現（Realisierung）と自己存立（Existenz）の形式として生みだす。これは、理性が非合理を構造的に生みだす、と換言できる事態である。そして、さらにいう。「現実の合理化（および、それと結びついた人間的現実の、客体としての現実への転化）と同様に、諸関係の非合理主義（諸関係に浸透してそれを支配することができないという形態における非理性 Unvernunft）も、ともに共通の基礎から生ずる。したがって、合理的（rational）なものと目的合理的（rationell）なものとの混同の可能性も生ずる。」（S. 99. 同、一一七～一一八頁）

この場合、理性が有効性の観点からみられ、技術（Technik）の合理性が理性の中心を占め、かつ人間的現実から切断されて自律化する。そして、この切断・分割が〈人間的現実〉においてのみならず、〈社会的現実〉においても生ずる。

第５章

（１） J. Habermas / N. Luhmann, *Theorie-Diskussion Theorie der Gesellschaft oder Sozialtechnologie*, 1971. 佐藤嘉一他訳『批判理論と社会システム理論』上・下（木鐸社）。この論争でさしあたり興味深いところは「社会学の基礎概念としての意味《ジン》」（N・ルーマン）において、M・ウェーバー流の〈主観的に思われた意味〉の次元を超えて問題提起がなされ、それを契機に言語関連的〈意味性〉と体験関連的〈意味性〉との区別が重要な意味をもってくる、という点である。

（２） 前掲（第３章注(18)）『晩期資本主義における正統化の諸問題』第一章原註（二三四頁）の中でハーバーマスは、ルーマンに欠けるのは〈相互主体性〉の概念であると非難している。ハーバーマスの〈言語的相互主観性〉は、言語のもつ普遍化力に恃頼した普遍的〈根拠づけ〉の場である。言語と真理性と普遍性とは一体的である。「言語は一種の変換器のような機能を演ずる。すなわち、感覚とか欲求とか感情のような心的過程が言語的相互主体性の諸構造の中へ組みこまれるとき、いわば内部的間奏にすぎない体験は志向的内容へ――つまり、認知は言明へ、そして欲求や感情は規範的期待（命令ないし価値）へと変換される。この変換は、一方で意向や意志や快・不快の主観性と、他方では普遍性の承認を請求する言明や規範との、両者の間の重要な差別を生みだす。普遍性とは、認識の客観性と有効な規範の正統性とを意味する。この両者が、社会的体験世界にとって本質的な共同性を保証する。言語的共同主体性の構造は、経験や用具的行動にとっても、生活態度や意思疎通的行動にとっても、ひとしく本質的なものである。このおなじ構造が、体系の次元では、外的自然の掌握と内的自然の統合とを規制しており、したがって、社会化された個々人の権能によって、真理性をもちうる発言と正当化を要する規範という特有な媒体をつうじておこなわれている社会化の過程を規制しているのである。」（I, 2. 同上、一六～一七頁）

(3) Sinn は〈感覚〉の意味ももつ。現象学的にいえば、志向的体験に直接的に結びつく〈意味《ジン》〉と、表現の〈意味 Bedeutung〉という二つの意味層は区別される。次の記述に止目しておこう。「如何なる志向的体験も意味《ジン》を持つ体験である限り、一つの定立を持つのであるが、しかしそれはまだ言表的に表現されているわけではない。それは意味《ジン》を持つがまだ論理的意味(Bedeutung)を持たないのである。しかしその根底にロゴス的性格を持つ以上、それに媒介されて意味《ジン》の体験は論理的作用層にまで結びつかねばならない。即ち意味《ジン》の体験が表現層に結びつかねばならぬ。」(務台理作『現象学研究』弘文堂書房、一三五頁)フッサール的にいえば、志向的体験における信憑的定立の含む〈表現以前〉的な意味《ジン》は、判断表現としての言表(Aussage)において命題的な意味となる。ハーバーマスのいう意味の妥当性は、この段階を指すと思われる。〈意味〉についての全般的な議論に関しては、山内得立『意味の形而上学』(岩波書店)が有益である。

(4) J. Habermas/N. Luhmann, *Theorie-Diskussion*, S. 303. 前掲〔下〕、三九一頁。

(5) 同じく(S. 321-322)前掲〔下〕、四〇七頁。以下、この〈論争〉書による。ルーマンにとっては、主観そのものが共同構成する(mitkonstituieren)ものとして捉えられており、したがって間主観性の概念は単に認識問題レヴェルに限定されることなく、Er-leben の次元においてすでに本質的な意義をもつものであった。なお、本文中の〈討議〉批判はハーバーマス批判の意味をもつ。

(6) 意味《ジン》と情報(Information)との違いが、体験と経験のそれに対応する。その違いを引用によって示しておこう。「複雑性は一瞬ごとにつねに別様の仕方で縮減されるとともに、複雑性は普遍的に構成された選択の領域として、つねに新しいまたつねに別様の選択の〈出所〉(Woraus)として、つまり世界(Welt)として依然保持される。」(S. 33-34. 同〔上〕、三九頁)「意味《ジン》は、意識状態の選択を可能にするという仕方で体験処理の前提として機能する。そのさいその都度選択されなかったものを取り消してしまわずに、それを世界の形式において保持し接近できるようにしておくのである。それ故意味の機能は情報にあるのではない。従ってシステムと関連した世界の不確実状態の解消にあるのではない。〔中略〕意味《ジン》はいかなる選択的出来事でもなく、むしろシステムと世界の間の選択的関係(Beziehung)である。……意味《ジン》による体験処理の固有の独自性は、複雑性の縮減と維持を同時に可能にする点にある。即ち、世界が体験の決定作用のなかでたんなる一つの意識内容に縮んでしまって、そのなかに消滅してしまうことを阻む、選択の形式を保証する点にある。」(S. 34. 同〔上〕、三九頁)「意味的《ジンハフト》体験処理は複雑性の縮減と保存を行う。しかも直接に与えられた明白な体験に他の可能性への参照や再帰的な(reflexiv)一般化的な否定の潜在能力を混ぜあわせ、そのようにしてリスクのある選択に対じて備えるという仕方で。」(S. 37. 同〔上〕、四二頁)「経験(Erfahrung)は、決して期待〔予期〕された事態の純粋な、無修正の実現ということではない——私が階段を降りるとき階段はまだそこにあるというのは、経験とはいわない——経験はもっぱら期待〔予期〕された事態の個々の点に関する情報の修正にすぎない。それゆえ経験は、意味《ジン》を付与し経験の諸可能性をきり開く期待〔予期〕の諸構造を決して直接的には確証（bestätigen）できず、むしろこれらをただ間接的に変更なしで確証できるにすぎない。経験は、幻滅の除去とか情報の標準化による処理とかによって、意味的《ジンハフト》に構成された現実を継続的に再構成することなのである。」（S. 42. 同〔上〕、四六頁）——体験と経験の違いは、ルーマンは明言しないが、結局は否定性（Negativität）の威力をかかえこむその程度による、といえよう。情報のもつ〈意外性〉は予期構造の内部の出来事であるにすぎない。

（7） 計算可能性（Berechenbarkeit）はいうまでもなく合理性（Rationalität）と結びつく。ここでは三つの問題点にふれておきたい。⑴行為の主観的な計算可能性は、法そのものの合理的な規則性、つまり〈法体系〉の客観的な計算可能性を要求することになるが、この二つの計算可能性はしかし決して合致することはない。前者が実質的な計算可能性（実質的合理性）であるのに対し、後者は形式的な計算可能性（論理的合理性）であるからである。⑵合理性とは、それが実質的であれ形式的であれ、計算可能性の別名であるが、それに対立するのは、形式的な非合理性（例えば神託による解決）と実質的な非合理性（感情的な価値評価による解決）である。抽象的に構成された法命題の体系の外側に位置する事実や期待は、法形式主義にとっては非合理的なものとなる。⑶計算可能性の問題は社会的行為の安定性の問題と直結する。法規則への志向によって成立する秩序（狭い意味での合法的行為からなる秩序）よりも、人々の目的合理的な行為の格率からなる規則性において現実化されている秩序の方が共同社会にとって根底的である（M・ウェーバーの考え方はその一例）。

（8） ここでの〈意味《ジン》〉概念の使用法は、基本的にはM・ウェーバーのそれである。一例をあげておこう。「〈友情〉とか〈国家〉とかが現に存在し、あるいはかつて存在したということの意味は、もっぱらただ、一定の人間がもつ特定種類の態度にもとづいて、平均的に思念された意味《ジン》からすればそれとわかるやり方で行為がなされる見込みが現に存在し、あるいはかつて存在したと、われわれ（観察者たち）が判断するということなのであって、それ以外のなにものでもない。」（Weber, *Gesammelte Aufsätze zur Wissenschaftslehre*, 3. Auflage, J. C. B. Mohr, S. 569. 徳永恂訳『社会学論集』（青木書店）一二一頁所収「社会学の基礎概念」）——ウェーバーのいう〈意味《ジン》〉は、関与者たちによって思われた（gemeint）経験的《エムピリッシュ》意味内容（Sinngehalt）のことであって、客観的に妥当する〈真なる〉意味のことではない。意味《ジン》とは、体験においてその実質（Gehalt）を変質させうる或る事態である。

（9） 前掲『社会学論集』六九頁（S. 207）。ウェーバーは、経験的知識の客観的妥当性の根拠について次のようにいう。「あたえられた現実をカテゴリーによって整序するばあいに、そのカテゴリーは特殊な意味で主観的である、言いかえれば、われわれの認識の前提をしめすものである。さらにそのカテゴリーは、経験的知識（Erfahrungswissen）だけがわれわれにあたえることができる真理が価値をもつ、という前提ときりはなすことはできない〔中略〕。科学（Wissenschaft）だけが果たすことのできるもの、つまりそれ自身経験的《エムピリッシュ》現実でもその模写でもなく、妥当な仕方で経験的現実を思考によって秩序だてるさまざまの概念や判断に代えて、そういうかたちでの科学とは別の真理をもとめようとしても、それはしょせん空しい〔中略〕。経験的にあたえられているものは、たしかにただ一つそれに認識価値を付与する価値理念によって規整され〈ausgerichtet〉、理念からその意味を理解されるものではあるが、それにもかかわらず経験的な所与にもとづいて認識の妥当性（Geltung）を証明することは、経験的に不可能である。」（S. 213. 同、七五〜七六頁）。

（10） 法治国は〈法を作る Recht fertigen〉ことによっておのれを正当化する（rechtfertigen）とケルゼンはいう（『純粋法学』四七節）。故に、国家概念の中に形而上学的要素が混流しないように〈法認識〉を確立する必要があること、これもケルゼンの視野のうちにあった。

（11） ケルゼンが〈方法論〉を重視していたことは、例えば、論文「法学的方法と社会学的方法の差異について」（一九一一年）、「法科学は規範科学か文化科学か」（一九一六年）、更には『国法学の主要問題』序文（一九一一年、一九二三年）などによく示されている（いずれも、〈ケルゼン選集〉5、『法学論』所収、木鐸社）。しかし、ここで注目しておきたいのは、『社会学的国家概念と法学的国家概念』（*Der soziologische und der juristische Staatsbegriff*, 1928）である。この書は、ケルゼンがM・ウェーバー、G・ジンメル、G・イェリネク、R・シュタムラー、E・デュルケム等々にいかに批判的に取り組んだか、その成果を遺憾なく示している点で重要である（邦訳は堀真琴訳〈世界大思想全集〉45、春秋社版、昭和四年、を参照。ただし引用にあたっては訳文を多少変更する。なお、この書の新訳を佐伯守他監訳として晃洋書房から出版しているので、参照願いたい）。もう一点、この書の注目すべき点は、ケルゼンがE・カッシーラーの『実体概念と関数概念』（*Substanzbegriff und Funktionsbegriff*, 1910. 山本義隆訳、みすず書房）から、自然科学の認識論について多くを得ていることである。

（12） H. Kelsen, *Der soziologische und der juristische Staatsbegriff*, S. 215. 前掲、一二〇頁。国家を法的な事物（Ding）とすることへのケルゼンの批判に注目しておきたい。この引用文の背景には勿論、カッシーラーの『実体概念と関数概念』が存する。カッシーラーは、原子は仮想的（virtuell）な点、カントのいう理念（＝虚焦点 focus imaginarius）であるという（同、二一四〇頁）。カッシーラーによれば〈意味世界 Sinnenwelt〉から離れつつ、量と法則の概念によって構築される物理学的世界は、実体性とは縁なき、いわば〈死者の国 das

Reich der Schatten〉である（*Zur Modernen Physik*, 1964, S. 166）。これに自然の実在性（Realität）や現実性を付与することは謬見に属する。認識の対象も当然、実体性を欠く。「ある内容を認識するということは、それを単なる所与の段階から取り上げ、それにある論理的一定性と必然性とを与えることによって、〈対象Objekt〉に改鋳することである。したがってわれわれは、『対象Gegenstand』を――それがはじめからそれだけで〈対象として規定され〉与えられているかのように――認識するのではなく、われわれが経験内容の一様な流れのなかに一定の境界を作り出し、ある持続的な要素と統合連関とを固定することによって、〈対象的にgegenständlich〉認識するのである。この意味では、対象という概念は、もはや知識の窮極の〈制約〉ではなく、逆に、知識の確実な所有物（Eigentum）となっているもののすべてを表現し確定するための基本的手段にほかならないのである。それは、知識の論理的資産そのものをあらわしているのであって、現在もそして今後も永久に知識には拒まれている不可視の彼岸なのではない。それゆえ『事物』とは、単なる物質（Stoff）としてわれわれの前にある未知の事実（Sache）ではもはやなく、理解すること（begreifen）の形式と様態そのものの表現なのである。形而上学が自存的な事物それ自身（Ding an und für sich）に〈性質〉として付与するもののすべては、いまでは客観化の過程における必然的な契機であることがわかる。」（前掲『実体概念と関数概念』三五三～三五四頁）――なお、自然科学の世界において、どのような概念がどのように〈論理的道具〉として歴史的に利用されてきたかについては、カッシーラー／大庭健訳『哲学と精密科学』（紀伊國屋書店）を参照。

（13）ケルゼンの文脈とはややずれるが、ことばと物と条件の三者関係が次のごとく記されている。「ドイツ語の〈条件〉はBedingungenであるが、それはbe-dingenであり、一つのものを或るものとして、総じて〈物〉たらしめるところのものである。この古い意味はゲーテによっても知られていたが今は殆ど忘れられているという。言語はDingをDingたらしめるところのBedingung（条件）であった。conditioはまさしくcondo〈建設〉することでなければならなかった。それは存在するものに対してまさに存在するということの根拠である。それは存在をbegründenしないがgründenする。〔中略〕言葉なしには何ものも物化（Verdinglichen）せられることを得ない。ものが物として、更には者としてあり、何ものかとしてあることは遍く言葉によってであったのである。」山内得立『意味の形而上学』岩波書店、二三二～二三三頁）

（14）H. Kelsen, *Der Soziologische*, S. 53. 前掲『社会学的国家概念と法学的国家概念』六二頁。

　ケルゼンのいわんとすることは勿論、〈制度〉に代表される〈物象化〉である。物象化については、廣松渉『物象化論の構図』（岩波書店）一九〇頁参照。また、物象化の始まりの事態のいかんについては、廣松渉『もの・こと・ことば』（勁草書房）二〇六頁、参照。ケルゼンの次の表現は〈物象化〉を批判的に捉えている。「個人の特殊な行態という条件から独立の物体ができ、特殊な作用から実体が作られる」（『一般国家学』）あるいは、物は〈無人称〉であって、そのうちに〈一人称〉をもたない、という表現も参考になる（『森有正対話篇Ⅱ』筑摩書房、参照）。

（15） *Allgemeine Staatslehre*, §18, S. 95, 1925. 清宮四郎訳『一般国家学』（岩波書店）一五七頁）。

（16） ケルゼンは、カッシーラーの『実体概念と関数概念』を介して、〈部分と全体〉の関係を関数的にみている。この点については、例えば〈物象化的錯視〉を排した廣松渉『事的世界観への前哨』（勁草書房）が参考となる。「古典力学的自然像にあっては各〈成素〉そのものは没形態的であり、〈結合様式〉が謂うなれば形相的規定原理をなしており、これを定式化したものが《法則》である、と立論しうるごとき事情が認められる。——この文脈で言うかぎり、古典力学的自然像といえども、決して、時空、質量、力といった〈成素〉のみを第一次的存在とみなしているとは言い切れず、成素間の法則的関係が併せて存在原理として暗黙のうちに承認されていると解されねばならない。」（一六二頁）

（17） Chance の問題は、行為の〈相互性〉を軸とした〈社会関係〉の実質に関わるという点で重要であるだけに、それを機会とみるか見込みとみるかに応じて少しずつ〈相互性〉の理解に変化が生じうる。ここでは〈社会関係〉についてのウェーバーの記述をみておくだけにする。「社会〈関係〉（Beziehung）というのは、その意味内容に照らしてたがいに相手の出方に注目し、かつそれによって方向づけられた、比較的多数の人びとの行動（Sichverhalten）のことである。〔中略〕社会関係の実質は、もっぱらただ、その意味内容に照らしてそれとわかるようなやり方で、たがいに相手の出方にあわせた行為がかつて生じたし、現に生じており、あるいは将来生じうるであろうという見込み（Chance）のうちにある。〔中略〕たがいに相手の出方にあわせた行為に関与する人びとは、個々のばあいに同等の意味内容を社会関係に付与するのだとか、相手方のとった態度に意味上ふさわしい内面的な（innerlich）態度で相手方に対処するのだ、などとはとうていいえない。したがって、この意味で〈相互性〉が成り立つのだ、というわけにはとてもゆかない。」（M. Weber, *Gesammelte Aufsätze zur Wissenschaftslehre*, 3. Auflage, S. 567-568. 前掲『社会学論集』一一八〜一一九頁）。

これは、標準化された行為の、標準化された〈合理的〉な解釈図式の存立と、それを共有化することがいかに困難であるかを示したものであるが、その理由は、主として、行為が〈内的視点〉と〈外的視点〉とを必然的に許容するからである。この視角から〈相互性〉の解釈図式に言及したA・シュッツはより明晰に次のようにいう。「日常生活における行為者からみれば、選択の過程に含まれている全要素の完全な明晰性、つまり〈完全に〉合理的な行為というものは不可能である。というのも、第一には、選択肢の構成の基礎にある計画の体系は、行為者の理由動機に属するものであり、したがって回顧的観察〔＝結果的行為への外的視点——筆者〉によってのみ明らかになり、目的動機——これは行為者のまなざし〈＝進行中の行為への内的視点〉にとらえられている——に方向づけられている自己の行為を生きている行為者には隠されているからである。」（森川・浜井訳『現象学的社会学』紀伊國屋書店、六三頁）或る行為の〈解釈図式〉の問題は、相互性の類型化図式がどこまで成り立つかの問題でもある。ウェーバーのいう〈合理性〉は〈手段—目的〉連関が中心であるため〈因果的説明〉を旨とするものとなり、〈進行中〉の要素は排除される。

（18）ウェーバーはその『法社会学』（世良晃志郎訳、創文社）で、方法論の違いについて次のようにいう。「法学的な考察方法は、法規範として現れてくる一つの言語構成体には、どのような意義が、すなわちどのような規範的意味が、論理的に正当な仕方で、帰属すべきであるか、ということを問題にする。これに反して、社会学的な考察方法は、共同社会行為（Gemeinschaftshandeln）に参加している人たち——そのうちでもとくに、この共同社会行為に対する事実上の影響力を、社会的に重要な程度に握っている人たち——が、一定の秩序を妥当力あるものと主観的にみなし、また実際上そのようにとり扱う、つまり彼ら自身の行為をこの秩序に志向させる（orientieren）、というチャンスが存在している場合、このことによって、ある共同体（Gemeinschaft）の内部で、事実上何がおこるか、ということを問題にする。」（三頁）——なお、『法社会学』は、*Wirtschaft und Gesellschaft*（『経済と社会』）の第二部、第一章、第七章よりなるが、訳書に原典頁数が記載されている。

（19）ウェーバーがGeltung, Gültichkeitをどのような意味で用いているかについては、林道義訳『理解社会学のカテゴリー』（岩波文庫）の中の訳者註（九六頁）を参照。

（20）例えば、次の表現を参照。(1)「法秩序は、強制装置が存在しているが故に、現実の世界において経験的に〈妥当する〉というのでは決してなく、法秩序の妥当が〈習俗《ジッテ》〉として慣れ親しまれ・〈習熟され〉、また、法秩序に適合的な行態（Verhalten）から著しく離反すると習律（Konvention）がこれを非難するが故に、経験的に妥当するのである。」（前掲『法社会学』五七頁）(2)「諒解行為（Einverständnishandeln）または利益社会行為（Gesellschaftshandeln）の法的および習律的な規整（Ordnung）は、原則としてはこれらの行為の一部分だけを把捉しているにすぎず、また事情によってはまったく意識的にそうしているのだということを、確認しておく……。共同社会行為（Gemeinschaftshandeln）が一つの秩序に志向する（orientieren）ということは、たしかにあらゆる組織的社会関係（Vergesellschaftung）の成立にとって構成的な意義をもっているが、しかし、あらゆる永続的な・アンシュタルト（Anstalt）的に秩序づけられた団体行為（Verbandshandeln）の全体にとって、強制装置（Zwangsapparat）が構成的な意味をもっているわけではない。」（同、五二頁）

（21）〈予期構造〉がいつ、いかなる状況下で崩壊するかを正確に予期することはできない（N・ルーマンのいう〈不確定性〉）。

それは、ゲマインシャフト的行為とゲゼルシャフト的行為の場合においても、差異を生ずる。次の表現に注目しておきたい。(1)「ゲマインシャフト行為《ハンデルン》の重要な通常の——不可欠の、というわけではないにしろ——構成要素をなしているのは、その行為が、他人の一定の行動に対する期待〔＝予期 Erwartung〕と、その期待によれば自分の行為の結果がどうなるかについて〈主観的に〔subjektiv〕〉見積もられた可能性（Chance）とを基準にして、意味をもって行われるということである。その場合に、行為の最も理解可能で重要な説明根拠は、この可能性《シャーンス》の客観的な存在である。すなわち、この期待が正しく懐かれているという、〈客観的可能性《メーグリッヒカイト》判断〉として表現されうるところの大小の客観的可能性（Wahrscheinlichkeit）である。」（*Gesammelte Aufsätze zur Wissenschaftslehre*, S. 441. 前掲『理解社会学のカテゴリー』三六頁）(2)「われわれはあるゲマインシャフト行為が次の要件を備えているときに、そしてそのかぎりで、ゲゼルシャフト関係にある行為（〈ゲゼルシャフト行為〉）と呼ぼうと思う。すなわち、1. その行為が、諸定律（Ordnung）を根拠にして懐かれた期待〔＝予期〕を基準《オリエンティーレン》にして、意味をもって（sinnhaft）行われ、2. その諸定律の〈制定〉が、ゲゼルシャフト関係にある人々の結果として期待される行為を考慮して純粋《ライン》に目的合理的（zweckrational）に行われたものであり、かつ、3. その意味をもった基準づけが主観的に目的合理的になされる場合である。」（S. 442. 同、三九頁）。

(22) 前掲『社会学的国家概念と法学的国家概念』の中で、ケルゼンはファイヒンガーの〈擬制論〉に賛意を表している（§33）。ファイヒンガーおよびベンサムの擬制論と法との関連性を論じた、駒城鎮一『法的現象論序説』（世界思想社）を参照。ケルゼンのいう〈二重擬制〉とは勿論、法の背後に国家を実体として設定し、かつその国家をアニミズム的に把捉することをいう。E・カッシーラーは、その『国家——その神話——』（*The Myth of the State*, 1946. 河原宏他訳、理想社）の中で、限定（peras）と不確定（apeiria）の二要素を軸に展開されるプラトン的弁証法が、神話的思惟形式から論理的思惟形式への変移を示すものと解している。国家権力の理想化が、全体主義的政治体制のもとでは白痴化（idolization）の様相を呈するに至っていること、そこに国家のナチス的神話化の〈内実〉があると、カッシーラーはみていた。

(23) H. Kelsen, *General Theory of Law and State*, 1961 XIV. 尾吹善人訳『法と国家の一般理論』学而堂、七頁。

(24) 違法行為と法的義務は、サンクションを中心に〈反照関係〉にある。「法的に義務づけられるということは違法行為の潜在的主体、潜在的違法行為者であることを意味する。〔中略〕法的義務の存在は、サンクションを法的義務を形づくる行動の反対のものに依存させるある法規範の妥当性以外の何物でもない。法的義務は法規範を離れては無である。……違法行為としてサンクションの条件である行動の反対行動が法的義務の内容である。」（p. 59. 同、一一〇頁）。

あとがき

人間社会の「共同性」や「連帯性」、あるいは「同胞意識」といった次元と結びつけてこそ、「法とは何か」が真の問いとなる、とR・ドゥウォーキンはいう（小林公訳『法の帝国』未来社）。法を単なる社会的事業としてのルールの束に還元してしまうことはできない。法体系は、当為・規範の体系ではあるが、それは基本的には人間の「生きる」ことの相互承認の体系である。権利や義務、禁止や制裁の概念は、この「承認」を母胎とするものであって、その逆ではない。「法とは、特定の人格間で生ずる、それ自身では何ら法的（juridique）でない相互作用に対して正義の理念を適用することである」（前掲『法の現象学』五一節）というA・コジェーヴの法の定義も「相互承認」に裏づけられている。

むろん、「正義」もまた、排除、隠蔽、抑圧、欺瞞といった利害的・暴力的要素で擬制的に構成されることもあろう。真／偽は相互に錯綜する。ここで唐突ながら、次にヘーゲルの言葉を引用しておきたい。

「哲学の地平と内容をなすのは、抽象的で非現実的なものではなく、みずからを根拠づけ、内部に生命をもち、概念にかなうすがたをとる、現実的なものである。一つの過程が要素をうみだし、要素をつらぬいていて、この運動の全体が積極的な真理を形成する。したがって、そこには否定的なものも――それだけとりだせば捨ててかえりみる必要のないまちがったものも――ふくまれる。消えていくような要素も、真理から切り離されて、どこかしら真理の外に置きざりにされる固定的なものではなく、真理にとって不可欠なものと見なされるので、逆に、真理のほうも、反対側にじっとしている、生命なき肯定体ではないのだ。現象世界はとぎれることなく生起と消滅がどこまでもつづき、それが生命ある真理の現実の運動となっている。真理とは、ディオニュソス祭の興奮状態のごときもので、酔っぱらった気分が全体に行きわたり、それを外れると死んだも同然だから、全体が透明かつ単純な安定を保ってもいるのである。運動に加わっているかどうかが死命を制するので、精神の個々の形態や特定の思想がそこに独立に存在することではなく、それらは否定されて消えていくものではあるが、そういうものとして積極的で必然的な要素となっているのだ。静止しているとも見える運動の全体のなかで、運動中にあらわれるちがいや特殊性が、内面化された記憶として保存され、そこでは、存在することが自分を知ることであり、自分を知ることがそのまま存在することになっているのである。」（長谷川宏訳『精神現象学』「まえがき」作品社）

静止と運動、死せるものと生命あるもの、これらの対比的なカテゴリーは単なる比喩にとどまらない。運動こそ真に有る真なるものである。静止、没落、解体、死は、この真なる〈運動〉のもとにあり、そこでその生命を得ている。〈なじみの静止点〉とは、運動のもとでは〈偽〉である。

——さて、出版にあたり、今回も萌書房の白石徳浩氏のお世話になりました。感謝申し上げます。また、本書は、松山大学研究叢書の一冊であることを付記しておきます。

二〇〇五年二月

著　者

▩著者紹介
佐　伯　守（さえき　まもる）
松山大学法学部教授（哲学・倫理学・法哲学）
主要著作
『経験の解釈学』（現代書館），『〈場所的〉ということ』（晃洋書房），『生活世界の現象学』（世界書院），『〈知〉のオントロギー』（萌書房），『マックス・ウェーバー』（徳永恂編，有斐閣），『歴史哲学序説』（H. リッカート，ミネルヴァ書房），『社会学的国家概念と法学的国家概念』（H. ケルゼン，監訳，晃洋書房），『講座・現代の人間学』（共訳，白水社），他多数

法と人間存在――ケルゼン法学とポスト・モダン――

2005年3月31日　初版第1刷発行
2007年2月10日　初版第2刷発行

著　者　佐 伯 守
発行者　白 石 徳 浩
発行所　有限会社 萌《きざす》 書 房
〒630-1242　奈良市大柳生町3619-1
TEL（0742）93-2234 / FAX 93-2235
[URL] http://www3.kcn.ne.jp/~kizasu-s
振替　00940-7-53629

印刷・製本　共同印刷工業・藤沢製本

ISBN978-4-86065-016-2